Círculo Rojo

Vivir al límite todos los días de mi vida

Autobiografía

Marcela Adriana Melgarejo
"Marcielo"

Círculo Rojo
EDITORIAL

Primera edición: febrero 2024

Depósito legal: AL 246-2024

ISBN: 978-84-1061-590-8

Impresión y producción: Editorial Círculo Rojo

© Del texto: Marcela Adriana Melgarejo "Marcielo"
© Maquetación y diseño: Equipo de Editorial Círculo Rojo

Editorial Círculo Rojo

www.editorialcirculorojo.com

info@editorialcirculorojo.com

Impreso en España - Printed in Spain

PRÓLOGO

Julio de 2019

Las experiencias vividas me permiten trasmitir y sugerir, a través del relato de mi historia, la comprensión del uno al del otro, para que nos lleve al equilibrio, moral, social y económico; nacemos y morimos viviendo un día a día, así adquirimos sabiduría y superamos cada piedra que tropezamos en el camino.

Aceptar al otro tal cual es, con sus defectos o su perfección imperfecta; sobrevivir es la cuestión.

El hombre no puede prejuzgar al otro, por un momento de su vida, porque hay un resto atrás que no conoce, porque no vivió lo que el otro vivió, porque es este, otro ser igual al que prejuzga, solo la vida.

La vida misma es DIOS, es el que puede hacerlo, porque solo él conoce el principio y fin de nuestro destino, de nuestro pasado presente y futuro. Es el creador de nuestra alma. Solo prejuzga el Supremo, el hombre no lo es, porque el hombre es imperfecto.

Hoy tengo tiempo y deseos de escribir, estoy asilada en un país extraño, lejano, sin los que amo, mi familia, pero hoy sí, estoy más al límite que nunca.

Deseo de corazón que este libro sirva para que el lector pueda, un poquito, solo un poquito, conciliarse consigo mismo y comprender, a sus seres queridos o no tan queridos; principalmente al otro, al desconocido, al que sufre, al débil, al que ves durmiendo en una calle, al niño que te pide una moneda, al reo que esta privado de la libertad, al rico lleno de soberbia, a los amos enfermos de poder, ganarle al odio, ambición, a la envidia, ganarle al diablo mismo que tenemos dentro, así lograremos ser más perfectos. La vida misma es una adversidad y por cada batalla que ganamos, más fuertes, más sabios somos. Dedico este libro a todos los soldados humanos que día a día superamos nuestros propios límites, para ser mejores personas. Ese es el mensaje que quiero dar. Doy gracias a cada lector por tomarse un tiempo de su vida para estar conmigo a través de la desnudez de mi alma plasmada en palabras.

APARTAD TODAS LAS PIEDRAS, ASÍ PODRÁS VER EL CIELO

Estoy escribiendo estas memorias en mi piso situado en Baladre, Valencia, España, con mi ordenador, el comedor, pintado de blanco, bien iluminado, y en sus paredes se florean mis historias enmarcadas por marcos reciclados de la calle, al igual que los muebles, de diferentes estilos, donados por las personas que ya no los usan, una terraza que se asoma hacia la plaza Echegaray, rodeada de imponentes estructuras rígidas soportando el paso del tiempo.

NIÑEZ

Mi nombre es Marcela Adriana, nombre bíblico que significa entre el mar celestial y el cielo, Adriana, sacerdotisa de la bondad, así me lo ha revelado nuestro padre celestial. Nací el 17 de diciembre de 1963, en la ciudad de Zárate, mi madre me parió en su casa, tenía dos hermanos; el mayor de cabellos y ojos claros; el menor, de pocos años de diferencia de cabellos y ojos castaños; mi abuela Paula, mi padre y mi madre. Una familia muy humilde. Era una niña bonita muy blanca, con pelo corto muy rizado y renegrido, ojos grandes y oscuros. Los recuerdos de mi niñez son compartidos con mi hermana un de año menor, inseparables, siempre juntas. Compartíamos mucho tiempo con mi abuela Paula. Éramos pequeñas y de nochecita esperábamos a mi papá que venía de trabajar, corríamos hacia él para traer su bolso.

Recuerdo una tarde especialmente, mi abuela a escondidillas me llevó a ver a mi verdadero padre, con un vestido blanco con falda acampanada, zapatos de charol blanco, caminaba como un pato por sus suela resbaladiza, se encontraba con amigas y ellas acariciaban mis rizos elogiando lo suaves y esponjosos que eran; de pronto, me encontraba en una plaza, un tobogán, unos bancos de madera, mi padre me hamacaba, la sillita tenía una cadena de metal, él me empujaba tan alto que podía acercarme a la luna, me decía que la agarrara, una y otra vez, jugábamos en la placita hasta quedar rendidos por el cansancio, él se sentaba en el banco de madera y yo en su falda, me contaba historias, como la de que había en un bosque muy lejano una princesita que se llamaba Blancanieves, que yo era igual que ella, tan blanca como la nieve, sus cabellos muy negros, de ojos grandes. Con su luz iluminaba el camino del bosque hacia la casa de los enanitos donde vivía, era tan buena que la querían todos los animalitos del bosque, su relato por muchos años me hizo sentir como Blancanieves. Otros tantos cuentos me relataban, como la hormiguita viajera, me cantaba canciones, el mundo del revés, la tetera de porcelana, cuentos de la sirenita Natacha y el mar. Quedaron grabados en mi mente convirtiéndolos como propios. Otras salidas de paseo con mi abuela era ir a la Quinta Bonita, a visitar a mis tías, recuerdo su nombre Hortensia, era mala, pero a la vez me consentía, había otras tías que me mimaban y me tenían siempre en brazos. En la merienda, colaban la nata de la leche y hasta el día de hoy lo sigo haciendo yo, cerca de allí había una bajada con escaleras y me llevaba a otra casa, que me decía que era mi abuela, ellas conversaban y me convidaban a caramelos. Para ese entonces no sabía quién era mi padre biológico y mis familiares, quise conocerlo, pero falleció. Mi padrastro, del cual llevo su apellido, era una persona rústica; muy alto, muy serio, delgado, autoritario y ateo, no nos dejaba tomar mate. Lo llamaré papá en adelante. Mi madre era una mujer elegante, le gustaban las reuniones familiares, la

Navidad, los Reyes, por eso mi abuela compraba a escondidas los juguetes, mi padre pensaba que los juguetes, la televisión, pintar o jugar era perder el tiempo.

Con mi abuela y mi hermana teníamos un hermoso jardín de flores y especialmente calas blancas, había una canilla en el patio que perdía agua y allí crecían las calas, las vendía mi abuela a las señoras que le llevaban flores a sus muertos en el cementerio, todavía escucho su voz diciendo «Este es un buen ramo», los vecinos la querían mucho. Ella era de origen africano, no sabía leer ni escribir, su madre era esclava, su piel oscura, el pelo blanco de rulos pequeños, baja de estatura y sus piernitas chuecas cubiertas con las medias altas lolitas de color *beige*, siempre con una sonrisa, cariñosa, bondadosa, puro amor, orgullosa de sus nietos; la amaba tanto que sufrí por mucho tiempo su perdida. Estaba casada con un descendiente directo de un francés, era político, defendía los derechos sociales y laborales, fue intendente de Zárate, pero falleció a las pocas semanas de asumir el cargo, compañero partidario de Juan Domingo Perón y Evita. Le regaló una máquina de coser y una muñeca a mi mamá, y me contaba que Perón varias veces se refugió en su casa. Mi abuelo murió joven, cuando mi madre tenía diez años de edad, y los dejó en la pobreza total, siendo que su padre y tío tenían una fortuna importante, habían donado los terrenos donde hoy se encuentra la Iglesia principal, la municipalidad, plaza infantil y una escuela secundaria en la que se dictaron clases de francés por primera vez, cuyo director y maestro era hermano del padre de mi madre, los alumnos plantaron junto a su lápida una magnolia, declarada monumento histórico.

Éramos una familia normal, pequeñas niñas que teníamos nuestro propio mundo interno infantil y mis hermanos varones tenían su propio mundo. Se preguntarán qué edad tendríamos, unos cinco años, a la tardecita todos bañaditos con la mejor ropita, salíamos a pasear en familia a los corsos, al río, a la placita o caminar por la calle principal. Una vez acompañamos a mi mamá a la feria, ella trabajaba allí, en el puesto de tiro al blanco; bajo las tablas de madera había hormigas coloradas que le picaban los pies, eso me apenaba mucho, verla trabajar parada rascándose, dejando su chancla desparramada en el tumulto de hambrunas hormigas para rascarse con el dedo gordo del pie el otro pie, dibujando una dolorosa sonrisa a los clientes que reían mientras perdían el tiro al blanco, ¿valía la pena perder por ver a una mujer tan hermosa mujer? Trabajaba mi primo Óscar, fanático de las motos, el espectáculo estrella en la muralla de la muerte, tengo en mi mente grabado el rugir y los pedos que se tiraba la moto, ja, ja, ja, un poco de humor está bien, se cierra el círculo de su vida en una esquina pasando un semáforo en rojo chocando con el camión del sodero. Él era muy serio, con sus ojos negros, expresivo y su media sonrisa nos decía todo. *¡Te extrañamos, primo!* ¡Seguimos con la feria!, había enanos y payasos, que también me apenaban, no me gustaba la feria de diversiones, los veía como tristes, cansados, enojados. En un juego ganamos una compotera de vidrio, y mi padre se la puso al gato con leche en una habitación que estaba en desuso; no sé por qué estaba rota, la pisé y me corté la planta del pie.

Mis hermanos tenían varios amigos y con otros se peleaban, recuerdo que uno de apellido Dente, mayor que mi hermano morocho, se estaba peleando dentro de casa en el patio cerca de las calas, y Dente yacía sobre el pegándole, subí a caballito de él, con un bidón lo golpeaba, una y otra vez, se ha reído mucho mi familia de ello, después fueron grandes amigos. A mi hermano mayor le gustaba tocar la guitarra y tenía un grupo, cantaba Luis María, tenía la voz como Nino Bravo; había un chico del grupo llamado Ángel Rossi, era rubio y parecía un ángel, en la época de la dictadura lo mataron a los dieciocho años. Era una época difícil, mi padre solía tener trabajos inestables, estudiaba, hasta que consiguió trabajo en una granja San Sebastián, quedaba muy lejos cerca de una ciudad llamada Lima como a quince kilómetros y tenía que ir y venir caminando, por eso dejó de estudiar; fue siempre un hombre responsable, muy trabajador.

Mi madre quería su propia casa, fue a una inmobiliaria, sin consultarlo, compró una, con cuatro terrenos un poco lejos de la ciudad, le entregó la mitad del dinero y el resto en cuotas. Mi padre no quería ir a vivir en el campo, fuimos un domingo caminando a ver la casa sin él, llegamos de nochecita, era lejísimos, un casco de estancia derruido, en los ventanales sin vidrios posaba una señora lechuza, los murciélagos paseaban contentos de vernos, los pastos altos, una palmera, una higuera, un gigante árbol de eucalipto y otro sauce de Gualeguay, un baño de chapa afuera a treinta metros. Dentro de la casa había un lugar para la cocina, una habitación enorme de diez metros por diez metros, otra habitación tipo dos en una, la habitación que tenía una ventana daba a una planta de naranja amarga. Por tres meses fuimos todos a limpiar la casa y recién ahí fue mi padre, él quería comprar un departamento en el edificio de la plaza. ¡¡¡No tenían dinero!!!, solo una motoneta Siambretta, como entrega, mi madre le dijo a mi papa que vendió la moto y pago la mitad de una casona con cuatro terrenos y se lo creyó. Sé que mi verdadero padre le había dado dinero, venía a buscarme en un auto Impala de vez en cuando.

Nos mudamos, era un lugar tenebroso; le decían la casona embrujada. Al principio vinieron los familiares de mi madre como de vacaciones y la última vez fue para un carnaval. Tenían un colectivo, se aparecieron tipo cinco de la mañana con baldes con agua y sin piedad nos tiraron mientras dormíamos, se armó un revuelo de baldazos de agua, fue muy divertido para todos menos para mi papá. Esa noche en el camión, fuimos al corzo todos disfrazados, los tíos de mujer con los tacones y las piernas peludas, al otro día toda la familia bailaba en el salón con un tocadiscos Winco con disco de vinilo, mi hermana y yo los mirábamos bailar y nos reíamos de cómo movían el culo haciendo un círculo, ja, ja, ja. Ir al baño de noche era muy terrorífico, así que usábamos un balde para hacer pis en la habitación. Una noche, mi mamá envió a mi hermano morocho a bañarse, teníamos una cocina a leña, calentábamos el agua y nos bañábamos con un fuentón, y a él no le gustaba bañarse; el baño tenía un agujero de triángulo de ventana, él lo tapó con la toalla, mientras cantaba para espantar los malos espíritus, mi mamá y nosotras, cómplices, le movíamos la toalla una y otra vez, hasta que mi hermano sacó la toalla y mi madre le hizo cosquillas en la mano, todavía me río, salió en bolas gritando «Ahí, mamá, ahí, mamá», nosotras escondidas muertas de risas, el susto que se dio. Nuestros mayores siempre nos asustaban con la solapa, para que durmiéramos la siesta, o con la mano negra.

El árbol Gualeguay cerca del baño y el de eucalipto criaban unas arañas horribles grandes, peludas y de color plata; habitaban la casa sin pagar alquiler. Mi hermana y yo, las primeras noches, dormíamos en el cuarto del naranjo; una noche soñé con una araña gigante que caminaba hacia mí por la pared, me desperté y estaba arriba de mi cabeza, a los gritos llamé a mi padre que se levantó de mal humor y le dio un zapatillazo, sus patas sobresalían de la zapatilla. Nos mudamos a la pieza grande, los dos varones a la del naranjo, mi madre al cuarto de dos habitaciones y mi abuela a la última, cuando venía de visita. Teníamos cinco años y yo seis años, de edad, pero en esa habitación no nos fue muy bien; comenzamos a tener pesadillas, sonambulismo, soñábamos que había cerca una laguna y que la ventana era una puerta que nos llevaba a la laguna, caminábamos introduciéndonos hasta que el agua nos daba a la cintura, nos despertábamos gritando, rasguñando la ventana, otras veces escuchábamos ruidos dentro de la pared que tenía un grosor de medio metro con ladrillos sentados al barro; presentíamos que había un muerto, un capitán de un barco, porque lo soñábamos, cerrábamos la puerta enorme de madera de nuestra habitación porque escuchábamos ruidos en la cocina, la sombra del capitán arrastrando las cadenas, una y otra vez, ¡¡¡no dormíamos bien!!! Los ruidos eran cada vez más fuertes, en la cocina se escuchaba que estaban lavando platos, que caían al suelo las ollas, vivíamos aterradas. Mi madre salía, nos dejaba solas, mientras mi padre trabajaba, ella venía de noche, un día estábamos tan asustadas que nos escondimos en un mueble donde se guardaban los alimentos hasta que llegó mi padre; les contamos sobre los ruidos, pero nos decían que estaba todo cerrado que era una casa vieja, y que el crujido de las chapas oxidadas y las ramas de los árboles provocaban esos ruidos. Con mi hermana sembrábamos, teníamos un hermoso jardín de flores y papas, jugábamos en una hamaca y cantábamos «No nos pisen las flores, no nos pisen las flores, no nos pisen más» porque nuestros hermanos caminaban sobre ellas arruinando nuestro bello jardín, nos subíamos a los árboles y yo después no me podía bajar porque me producía vértigo. Trabajábamos todos en la Quinta de Figueredo recogiendo verduras, le pagaban a mi madre por cajón, nos regalaban tomates, los comíamos con sal hasta empacharnos. No teníamos amigos, nuestros parientes ya no nos visitaban porque a mi papá no le gustaba, nos fue aislando de todos; vecinos, amigos, televisión, juguetes festejos de cumpleaños, Día de la Madre, Día del Padre, Navidades, Año Nuevo, mi madre, en complicidad con mi abuela Paula, compraba los regalos de Navidad o Reyes, lo hacían a escondidas de él. Mi madre ya no era la mujer elegante que lucía un peinado de la peluquería, ya no se pintaba los ojos, no usaba más los tacones, andaba en chancletas y vestidos viejos que le llamábamos batones, en la dominaba, peleaban mucho, usaba mucho el cinto para pegarnos y creo que a ella también. Recuerdo la vez que vino a verme el señor que me hamacaba en la plaza, el que me contaba cuentos, en un auto Impala blanco tiza, grande, corrí a su encuentro, me dijo que se iba de viaje muy lejos, me preguntó qué quería de regalo y yo le dije una muñeca negra con su muñeco papá y su muñeca mamá. Ese fue el último abrazo, el último mimo, el último todo, el último adiós. Comencé a ir a la escuela del centro tomando un colectivo, nos iban a buscar mi mamá y mi hermana; yo era muy tímida y un día le dije a la señorita que quería ir al baño, mi primer grado, no me dejó ir, me cagué encima, así que tomamos el colectivo de vuelta en el primer asiento yo paradita, ¡¡¡¡muchos pasajeros detectaron el olor!!!!, ja, ja. Después iba y venía sola, no sé por qué un día me fui a la otra casa, estaba sentada arriba de escombros, me encontraron a la noche. Un día llegué a la casona, estaba sola con seis años, mi madre había salido con mi hermana, mis hermanos no estaban y mi abuela creo que se había ido a vivir a su casa, no se llevaba bien con la pareja de mi madre.

Mi padre apareció, me hizo recostar en la cama de la habitación de los naranjos, fue a la cocina y se untó las manos con grasa; me quedé, inmóvil, sin pensamientos, como un trozo de carne, como ser sin ser persona, abusó de mí y él se fue como si nada. No sé por qué mi madre me dejaba sola y se llevaba a mi hermana, venían de noche. Ni siquiera entendía qué pasaba. Era habitual, yo le tenía mucho miedo, era muy violento, tenía una mirada penetrante, oscura, lleno de odio, no necesitaba decir una sola palabra porque era ya de por sí aterrador, como la misma casa, siempre me dejaba solita, parecía que mi madre lo hacía a propósito.

Empezaron por comprar un caballo, un carro, vacas, criar pollos, cerdos, mi padre trabajaba en la granja San Sebastián e iba en bicicleta o a caballo, como a quince kilómetros con lluvia, barro y las botas pesadas, tenía mucha fuerza y habíamos descubierto su violencia; odiaba su vida, odiaba el campo, nos odiaba a nosotros. Creo que mi madre, sin saber, lo regresó a su pasado, en el campo donde se crio sin madre ni padre, con el abuelo, don Marcos, violento, abusando de él. Cuando pudo se fue a la ciudad, seguro que no pensó jamás volver al campo, aflorando sus recuerdos que fueron alimentando día a día su odio escondido, descargándolo en nosotros. Nació su segunda hija, que era nuestro juguete preferido, aunque era muy caprichosa, la llevábamos de compras, se le antojaban golosinas que no teníamos permiso para comprar, ella no quería caminar, y luego terminaba con berrinche tan increíble que acababa orinándose encima, ganando la chuche preferida, llegando a casa le decía a mi madre que nos habíamos comprado las golosinas y nos las habíamos comido sin convidarle a ella.

Comencé con mi hermana a vender huevos con una canastita de mimbre al barrio, teníamos un carro y una yegua, solíamos ir a buscar verduras al centro de la ciudad, para los animales y nosotros, le quitábamos lo podrido a la fruta y verdura y lo comíamos, con las sobras alimentábamos a los chanchos, al final comenzaron a salirnos forúnculos horribles y dolorosos por esa comida contaminada. Mi madre se había cegado en la ambición de querer más y más, una vaca más, mil pollos más y se olvidó de vivir. Ya no había Navidad ni Reyes, así que, junto con mi hermana comencé a juntar huesos y latas para vender a la chatarra, para comprar nuestro árbol de Navidad, el chatarrero nos robaba, así que un día decidí llenar las latas con cascote para que pesara más, se dio cuenta y se lo contó a mi papá: «Sus hijas están haciendo trampa», dijo. Lo bueno es que mi papá lo tomó con humor, ya que él mismo nos advirtió que nos robaba en el peso. Compramos el arbolito de color verde de un metro y mi mamá, todos los meses cercanos a la Navidad, nos compraba algunos adornitos, y la abuela, la casita, y con nuestros ahorros íbamos armando el pesebre. Mi hermana encontró un pedacito de espejo, y con eso hicimos la lagunita para que tomaran agua los camellos, año a año crecía nuestro pesebre. Tendría siete años cuando mi madre comenzó a enviarme a hacer mandados, a buscar dinero a un señor que le decía el Ruso, era el padrino de mi hermana pequeña. Iba sola en colectivo, vivía a la vuelta de la casa de mi abuela, olía feo, tomaba mucho alcohol, subíamos al colectivo, pero nos bajábamos antes, a mitad del camino, en un campo; recuerdo el caminar entre los pastizales, me hacía recostar en el suelo, en la mugre, no sé por qué, me convertía en una cosa inerte, en un no existir, en nada, en no saber ni siquiera que estaba siendo abusada y luego seguíamos caminando a casa, me sentía perseguida, todos los vecinos me miraban, y me enviaba mi madre una y otra vez. A veces venia de visita, de tardecita, abusaba de mí, porque mi madre siempre tenía una excusa para irse, y los varones nunca estaban o vivían con la abuela o realizaban otras actividades.

Teníamos una palmera, comíamos los dátiles y alrededor de ella, coloreaba el naranja de la flor culo de viejas y en segunda línea las margaritas blancas. El patio era de tierra y lo barríamos, echábamos agua, quedaba resbaloso, un día hice enojar a mi mamá porque no aprendía en la escuela y comenzó a correr por el patio hasta que se resbaló y se dio un buen golpe, ¡volaron las chancletas! Así que me subí a un árbol hasta que se le pasó el enojo. Me costaba mucho concentrarme en la escuela, vivía en una nube, no aprendía, mi padre quería enseñarme Matemáticas, pero no podía escucharlo y eso lo enojaba, me gritaba, hasta un día comenzó a darme con un látigo trenzado, por el patio, me caí y mi hermano morocho se abalanzo sobre mí y soporto él los latigazos, provocando aún más la ira de mi padrastro; nos arrastramos bajo del carro para protegernos hasta que se cansó y con una actitud diabólica se fue sin decir más.

Era una tarde cálida, estaba con mi abuela, en el patio bajo las sombra del Gualeguay, disfrutando de una charla en conjunción entre punto y punto de crochet, sentí el motor de un auto que se estacionaba enfrente de casa, golpearon con las manos y salimos a ver quién era, vino el auto blanco tiza, al que yo llamaba el hombre; se había adelantado mi padre, quien con violencia lo echaba, se acercó mi abuela paterna Dora, quien tomó los muñecos, yo salí corriendo a su encuentro, pero él me mandó para dentro, me quedé en el patio mirando escondida, mi abuela Paula se acercó corriendo hacia el auto blanco tiza que se iba marcha atrás. Él agarró a mi abuela, la arrastró, hacia su habitación, le quebró dos costillas, me encerró junto con ella. Sé que la abuela sufría mucho, quería ser fuerte, recuerdo su carita de dolor, nos acostamos juntas sin decir una palabra, mi madre no dijo nada, siempre callada, no me dio una explicación. Nunca más vino el hombre del auto blanco tiza, pero no sé por qué no puedo recordar su rostro, su figura, su voz; solo sus cuentos y sus canciones que me acompañan hasta el día de hoy. Mi abuela se mudó definitivamente a su casa con mi hermano mayor y los fines de semana nos turnábamos con mi hermana del alma para estar con ella, cuando cobraba la jubilación le gustaba comer un pollito al espiedo, siempre me sorprendió que ella ponía un mantel con platos y cubiertos para cada uno, todo ordenadito.

Mi madre encontró otro cliente para mí, primero le vendíamos huevos a la esposa del señor que administraba la parada de los colectivos celeste y blanco; un viejo gordo con lentes de unos sesenta y cinco años, nos envió en la hora de la siesta a buscar unas revistas, no quería que le hiciera daño a mi hermana, así que le dije que se quedara afuera, me sentó en una mesa, ¿si es lo que se imaginan? La respuesta es sí, fueron varias veces, los chóferes sabían que nos pasaba, hasta que un día el colectivo estaba vacío y el chófer que nos llevaba al colegio nos dijo a ambas que no dejáramos que nos hicieran eso. Nos sentimos muy avergonzadas.

Estaba como en quinto grado, a una compañera más grande le gustaba un chico del séptimo año, le escribió una carta horrible, erótica, asquerosa, este chico se la entregó a nuestra maestra, en ese tiempo estábamos estudiando sobre San Martín, sobre el heroísmo, el patriotismo, sacrificio por el otro, la lealtad, etc., la maestra preguntó quién había escrito esa carta, mi compañera me rogó que dijera que era yo, porque sus padres le iban a pegar y bueno, levanté la mano. La seño en el recreo habló conmigo, yo no sabía qué decía la carta y tampoco me importaba, yo le conté lo que me pasaba con mi padre, menos mal que no le conté lo de mi madre. La maestra, en vez de ayudarme, llamó a mi madre, le mostró la carta, le contó todo lo que hablamos, me trató como una mentirosa ante mi madre sobre el abuso que sufría por parte de mi padre, mi madre no le dijo nada, pero cuando llegó él de trabajar, a la nochecita, se encerraron en la habitación y discutieron violentamente, los primeros días nos llevaba con ella, no tuve una conversación, el consejo fue solo silencio, después todo volvió a ser como antes. Comencé a crecer y aunque se enojara, no iba a buscar revista a la oficina de la empresa de colectivos, donde el administrador abusaba de mí, no permití que me violaran más. Eso generó en mi madre un enojo hacia mí, por lo que peleábamos a menudo.

Mi abuelita Dora, madre de la bestia, nos visitaba, se le ocurrió llevarme de vacaciones a su casa en la Capital Federal de Buenos Aires, en el negocio de al lado me presentó a su almacenero. Él ingresó en su casa, era por una escalera de cemento empinada, larga y angosta, yo pasaba bien, pero el culo de la abuelita se atrancaba de vez en cuando; llegamos hasta la terraza, una habitación, pequeña, oscura, una cama, llena de trapos, un olor nauseabundo, una mesita con pan lleno de moho duro, restos de comida podrida con cucarachas, un ropero lleno de ropa apilada en bollos, arriba estaba la muñeca negra con su vestidito rojo con lunares blancos, el muñeco papá y la muñeca, mamá todos de porcelana, las sentí mías, propias, me estaban esperando, los muñecos sonreían, estaban tan felices como yo. Mi mundo floreció, mi amor por ellos se despertó, yo se las pedí al hombre de los cuentos, de las canciones, era un sueño ver a mis muñecas allí, ¡estaban esperándome! En esa terraza también había un departamentito, vivía su hermana, Martita, muy buena señora. Mi abuela se fue y me dejó allí sola, me dijo que no podía salir ni hacer ruido, así que me quedé con mi familia de muñecos compartiendo los cuentos y las canciones, sin luz, sin agua, sin baño, tenía un tarrito para mis necesidades, pasaron varios días hasta que la tía Martha me sacó un ratito a su casa como a escondidillas y me dio un café con leche y pan, otro día una sopa muy rica y me encerró otra vez, fueron como quince días hasta que vino la abuelita Dora. Dijo que nos íbamos a Zárate, le pedí que me dejara llevar mis muñecos y me dijo que no porque los iba a romper, que cuando cumpliera quince años me los daría. Siempre fui delgadita, así que no notaron la diferencia de la hambruna, falta de aseo, quince días con la misma ropa, al fin nunca se lo conté a mi madre ni a mi hermana, siempre creí que la vida y todo lo que me pasaba era así. Vivir aislada de la sociedad, de la comunicación, y a la vez estar al lado de personas sin poder hablar es algo difícil de explicar, uno se acostumbra a encerrarse en sí mismo y deja de ver el mundo real, solo existe el imaginario. Construí mi propio mundo de fantasías, mi mundo donde nadie podía ingresar, para que el real no pueda podrir mi yo, mi esencia, mi inocencia.

Compraron una yegua zaina medio vieja para tirar del carro, después, otra llamada Julia, hermosa, briosa, con carácter de carrera, ella se negaba a llevar el carro; era como yo, rebelde, pero ella lo expresaba y recibía también los latigazos, en cambio, yo guardaba mi rebeldía y me convertía en sumisa, me asustaba mucho salir en el carro con ella y con mi padre, subir la cuesta de las vías, sentía cómo se le agotaban las fuerzas, y sus ojos se agrandaban mirando de costado, al son de los latigazos y los insultos histéricos de mi padre; sé que ella, mi madre, también sentía miedo, pero solo callaba. Monté a Julia varias veces, un día, un perro la mordió en el hocico y ella se asustó, comenzó a correr hasta frenar en un alambrado, volé sobre él y caí de espalda arriba de los escombros, me quebré el brazo, pero dolía más la espalda, me llevaron en carro, el traquetear causaba más dolor. Igualmente la quería mucho, tuvo una yegüita y le prestamos nuestra habitación, allí de paja le hicimos una cama, le ayudamos a que naciera la potranca, nuestra mascota, muy briosa como su madre. Teníamos un toro, a mi hermano Morocho le gustaban las carreras de sortija, desfiles a caballo, también montaba en jineteadas, se le ocurrió domar al toro, lo revolcaba de lo lindo, lo amansó y lo usaba para arriar las vacas. Tuvo varias quebraduras de huesos.

Teníamos una oveja de mascota, nuestro osito de peluche, nos gustaba acostarnos al sol con ella con su lana suave, tenía su propio corral. Un día mi madre le dijo a mi padre: «Sácame la oveja, ¿no me la vas a matar?», mi padre le dio una trompada y la mató, dijo: «¡Ahí te dejo la oveja!», y se fue. Otro día se enojó con la yegua zaina, ya no quería tirar el carro, le pegó una trompada y se quebró la muñeca. Esa casona era como embrujada, yo creía que la maldad provenía de la casa, la higuera una vez se prendió fuego ella sola un ocho de diciembre, no sé. Mi hermano llevaba a los animales a un campo, se encontró con el dueño de las tierras y le dijo: «Pibe, usadlas, yo no vuelvo más, todos esos campos no tienen dueño, son fiscales». Así comenzó la nueva mudanza, empezamos a construir un rancho de chapa y piso de tierra al que le llamamos el triángulo. Tenía un nivel más alto que los demás terrenos, hizo los trámites de posesión veinteñal, era del banco y estaba en liquidación, dejó de existir, los militares hicieron un barrio de cuatro hectáreas y media en el mismo terreno que pertenecía al banco, dos hectáreas para los jefes de La planta Nuclear de Atucha, con asfalto y cloacas, limitando con nuestra posesión de la calle Castelli y allí nos mudamos, compraron una casa prefabricada. Yo estudiaba Dibujo y Pintura en la misma academia, Danzas Clásicas y Españolas, con mi hermana menor, también bailamos en varios teatros, fui al Teatro Colón e hicimos un ensayo con la orquesta estable, el día 11 de noviembre de 1979.

Comencé a trabajar de albañil con mi padre, ampliamos la casa, hicimos el baño y una cocina más grande, juntábamos ladrillos, escombros por la calle, así hicimos una casa pobre, sin pies ni cabeza. Mi padre quería ahorrar ladrillos y en una tormenta se cayó la pared de la cocina por hacerla de rafa, tendría trece años, trabajamos duro en rellenar el suelo, se hacía una laguna, jugábamos como si fuera una piscina. Yo iba a la escuela sola porque mi hermana era muy estudiosa, yo siempre llegaba tarde, ella iba a una escuela de secundaria que tenía mejor nivel social, yo trabajaba mucho construyendo la casa, aprendí a ser oficial de albañil y superé a mi padre, hice mi propia habitación con pedazos de ladrillos y adoquines que sobresalían de la pared, una ventana vieja de la chatarra, pero era mi habitación al fin. Fui a una escuela técnica, seguía estudiando Dibujo y Pintura, trabajaba de niñera para pagar la academia, mi madre me había enseñado costura, a tejer, y en la técnica aprendí, carpintería, electricidad básica, corte y confección de prendas, dibujo técnico y lectura de planos.

Les cuento una anécdota, esto fue ni bien nos mudamos: teníamos una tortuga, le hicimos una casa de piedra, se escapó y con mi hermana queríamos una pileta, así que la revocamos con barro, bien hecho, hicimos podrir la paja con bosta de caballo para dar más cuerpo al revoque de nuestra gran piscina, mi padre se reía, nos miraba y sonreía, no nos decía nada. Entonces llegó el momento de llenar nuestra pileta, pues era de barro y se la llevó el agua. Siempre me vestía de varón, los pelos duros de mugre, no era de bañarme mucho, siempre el mismo jersey, con las mangas muy largas usándolas como guantes. Un día estaba haciendo un pastón a pala y los de la empresa eléctrica me dijeron: «Che, pibe, ¿cuál es la luz que no prende?», y mi padre les dijo: «Che, esa es tu prima Marcela».

En la época de los militares, como familia de campo nunca tuvimos problemas, eran nuestros vecinos, tenían buen concepto de nuestra familia, un día dos personas pusieron una bomba en el tren justo detrás de nuestra casa a unos cien metros. La explosión fue muy fuerte, los pedazos de rieles rompieron las chapas de cinc, lamentablemente mató a nuestra vaca Aurora.

Iba a la escuela doble turno, salía como a las cinco o a las seis de la tarde, entraba a la academia de Dibujo y Pintura, a veces trabajaba de noche cuando iban a fiestas los militares y cuidaba a los niños. Me llevaba muy mal con mi madre, discutíamos mucho, cuando no trabajaba de albañil me encerraba en mi habitación, dibujaba a lápiz; había empapelado toda la habitación con mis dibujos, sobre el techo habitación daba un árbol que criaba también arañas grises, peludas y grandes. Un día, estaba soñando con ellas, me moví y salió una de mi cuello; salté de la cama, de los pies salió otra; fui a prender la luz y había otra. En esa época no había insecticida en aerosol, solo mis gritos, bastaban para que mi padre le diera el zapatillazo, eran horribles, aparte siempre me mordían la boca y en el cuello, entonces me salía una ampolla muy fea. Dormí varios días sentada en una mesa, sí, arriba de una mesa y cambié la llave de luz adosada a la pared por una colgando de un cable, así no tenía que tocar la pared, les tengo fobia a las arañas.

Relato un episodio que nunca olvidaré. Cuando teníamos las vacas yo les regalaba la leche a unas niñas, una era rubia de cinco años de edad, le di la leche y al cruzar las vías la atropelló el tren, todavía tengo en mi mente su sonrisa y los saltitos al caminar.

Ahora hablaré de mi hermano mayor, que lamentablemente murió a los cuarenta y ocho años de edad. De joven trabajó en la Central Nuclear Atucha, hubo una fuga de radiación, se contaminó y les afectó a los pulmones. Vi morir a muchos vecinos contaminados por la radioactividad. Enfrente vivía un ingeniero, murió el primero y luego su esposa, ambos trabajaban en Atucha, estuvieron más expuestos a la radiación. El finado cuidaba el campo, era fanático de las películas de *cowboys*, se vestía como un vaquero con el cuero de las víboras, hacía cintos o se las cocía a las botas, tenía una escopeta de madera que la había hecho con palo de escoba, era un personaje. Un día nos llamó Elba, su esposa, y él diciendo que un plato volador estaba sobre el campo, era temprano, como las tres de la tarde, y sí, estaba a cinco metros del suelo, mi hermano le apuntaba con la escopeta de madera; los vecinos, asombrados, se acercaron, la nave era de color gris plata, redonda, estuvo girando unos cuantos minutos y subió en vertical y desapareció, dejó un redondel de pastos quemados. Mi hermano se había chiflado, tiempo atrás se había inscrito en Escuela Mecánica de la Armada Esma, le gustaba la aeronáutica, fue con un gran amigo Luis María, le fue muy mal, fue torturado, atado de pies y manos, boca arriba, al rayo del sol, sin agua, sin comida y sabe Dios qué más. Se habían negado a sepultar personas hoy llamadas desaparecidos y arriba hacían suelos de cemento, él salvó su vida, pero un compañero de la escuela de la Armada Esma se murió, la excusa fue que se cayó de la litera. Hubo marchas, fuimos con mi madre para sacarlo, había muchas personas en revueltas, le dieron la baja, pero quedó mal, nunca habló del tema, pasaron muchos años y me contó algo. Después tuvo que terminar el servicio militar, o sea, *la colimba* en el sur, en Ushuaia le tocó el conflicto con Chile, no contaban con armamento, y de ahí nació el palo de escoba tipo escopeta, regresó a casa, conoció a Elba, se casó, fue mecánico y tuvo una hija y un hijo.

Mi hermano el morocho vivió con su abuela un tiempo y después se fue a vivir a Buenos Aires. Se convirtió en músico hasta hoy y somos muy compañeros.

Mi niñez fue muy sufrida, entre mi mundo imaginario y la realidad, vivía una guerra conmigo misma, me preguntaba una y otra vez por qué mi propio padre era bueno, me cantaba canciones, cuentos, si solo quería que tocara con mis manos la luna. A la vez me había hecho tanto daño, un daño destructivo, agresivo, irreparable. Con el paso de los años comprendí que mi padre biológico era el hombre del auto Impala que me amaba, pero le impedían acercarse a mí. Las peleas con mi madre eran frecuentes, le pregunté por qué me odiaba tanto, nunca le reclamé la prostitución infantil, la quería mucho y si trataba estos temas, se tomaba pastillas para dormirse. Una vez tomo muchas intentando suicidarse, pero solo logró dormir varios días. No me permitía comer ni tomar un té, siempre escondía la comida, así que pasaba mucha hambre, cuando tenía dinero por mi trabajo le daba más de la mitad a ella, me compraba alguna fruta, azúcar y té.

Cumplí los quince años, mi abuela Paula me había comprado una tela floreada verde, a mi hermana le compró la misma tela, en rojo, una modista nos hizo un vestido largo de princesa con cintas verdes. Mi madre quiso festejarlo en familia y mi tía, me hizo una torta hermosa, vino mi tío y éramos solo nosotros, nunca me gustó festejar mi cumpleaños, no encuentro el motivo de celebrar el haber nacido hasta el día de hoy. Tuve mi primera invitación a un cumple de quince de mi vecinita, lo hicieron en el salón de prefectura, mi prima me llevó a su peluquera y me planchó el pelo; con mi vestido verde me sentía una princesa, el carruaje era la bicicleta vieja de mi papá, que me llevó; mis compañeros de clase decían «Esa es la Melga», yo corría de aquí para allá, como una niña, no sabía comportarme ante esa sociedad. Las chicas estaban en otra, en los chicos, cosa que yo no entendía, las madres me saludaban y se sorprendían, pronto había un baile con muchas luces y un chico me sacó a bailar, a mí, a la Melga, a la rulienta, fue por compromiso a petición de su madre. Después sentí una voz que me decía «Te busca tu papá», vino a preguntar cómo estaba y me fui con él en su bici; me dio mucha vergüenza le faltaba el botón de su pantalón y se lo ataba con alambre.

Ese año me cambiaron el turno en la academia de Dibujo y Pintura a las ocho, salía muy tarde de noche y tomaba un atajo cruzando las vías, era como un pozo oscuro, las casas alejadas y villa de malandras. Sentí olor a cigarrillos, alguien me seguía, estaba parada esperando a que pasara el tren, carguero y sentí como un cable que apretaba mi garganta, pero justo cuando terminó de pasar el tren, me soltó, no sé qué pasó porque corrí sin mirar atrás, alguien lo detuvo, me dejó una marca y mucho dolor, había cortado un poco la piel.

Mi gran enemigo de muchos años fue el hambre, en la escuela técnica hacía doble turno, no tenía qué llevarme para comer, algunas veces tenía alguna manzana, otras, nada; volver a casa caminando estaba muy lejos, me quedaba adelantando trabajos, miraba a mis compañeros comprarse un sándwich de jamón con queso, y deseaba tanto comprarme uno, en fin. Mi madre estaba embarazada esperando a mi hermanita, yo recordaba un cuento del hombre de mis cuentos, especialmente el de la sirenita Natacha y el mar, yo la veía como esa sirenita, como no nos permitieron el nombre Natacha, le pusimos otro nombre similar, en la escuela le tejí un ajuar completo verde agua con un vivo blanco, elogiado por todas las profesoras, me querían mucho ellas. Mi niña vivía en brazos, la llevaba conmigo a todos lados, las malas lenguas decían que era mi hija. Amaba a mi hermanita, mi sol, mi vida, mimosa tranquila, hasta de grande se chupaba el dedo con un piño, el corpiño de su mamá o un trapo que ella quisiera, lo envolvía en su mano; también le hice una muñeca de trapo, patilarga, más grande que ella y la llevaba a la rastra por todos lados, la dulce niña, el dulce piño.

Mi hermana de juegos es un poco gordita y más alta, siempre vivía limpiando y haciendo todo para agradar a mi madre, el genio de la familia, de niñas éramos muy compañeras, mi hermana del alma, pero comenzamos a tener diferencias, de adolescentes, que causaron una separación, que ahora es un mar, tan grande como el mar que nos separa. Igualmente la sigo queriendo mucho, ella fue siempre autoritaria, celosa, estudiaba la secundaria y trabajaba para la familia de un militar de alto rango. Con su esposa ella cuidaba a un bebé, y la llevaron de vacaciones a San Bernardo, tenían una buena relación con la familia, la querían mucho. En ese entonces yo tenía un amigovio que vivía en diagonal, su madre doña Cata me quería mucho, él estaba haciendo carrera militar, en Ushuaia, en las licencias venía a casa de sus padres; era tímido, introvertido, lo veía poco, salimos una vez y fuimos al cine a mirar el *Chapulín Colorado Chanfle II*, ja, ja, ja. Conversábamos en la esquina un rato, como amigos, pero no duró mucho nuestra relación porque su hermano y él llevaron a unas chicas a su casa y me sentí desilusionada, se enteró el padre y lo envió a Ushuaia, pero antes me había comentado que tenían la orden de vigilar mi casa y lo que yo hacía, porque me habían denunciado diciendo que pertenecía a un grupo de terroristas que perseguían los militares. Estaba yo en la habitación de mi madre y entraron encapuchados estos militares, revolvieron la casa, miraron los libros y se fueron sin decir nada, había sido mi hermana, que le inventó una historia a la familia diciendo dónde trabajaba, siendo su jefe un oficial de alto rango y los militares que vinieron seguro que eran los mismos vecinos, por eso no hubo violencia y fueron cuidadosos. Me lo había advertido este chico.

Mi abuela vivía con nosotros, estaba postrada, se orinaba y defecaba en su cama, hacía algunos años atrás me había contado que mi hermano mayor no era hijo de mi padre, que mi madre de joven se casó y se divorció, que el segundo varón tampoco era hijo de mi padre, y que yo tampoco era hija de mi padre, sobre mis hermanos varones lo sabíamos porque cuando se juntó con Melgarejo ellos eran grandecitos.

Mi historia: mi abuela trabajaba en la Quinta Bonita de sirvienta con mi madre, había un señor mayor de la familia encumbrada local, estaba dispuesto a casarse con ella, ya que eran familias adineradas, ella no quería, tenía relaciones amorosas prohibidas por la familia con el sobrino llamado Raúl y quedó embarazada de mí; si necesitaba su ayuda, que lo buscara, me sentí confundida, no diferenciaba todavía al hombre de los cuentos con el hombre que me dio el apellido. Nos habían criado como que todos éramos hijos del mismo padre. Me pasaba casi todo el día en mi habitación, trataba de evitar las discusiones, pero yo pensaba que mi madre comercializaba conmigo con esos hombres; ella es peor que él, así es que trataba de aislarme de ellos.

A mi abuela, postrada en su cama, muy enferma, la escuché quejarse, todavía recuerdo sus gemidos: «Ay, ay, ay, ay»... Fui a su habitación, pero para llegar tenía que pasar la cocina y la habitación de mis padres; entré a esta habitación y salía, la bestia abrochándose el cinto, con esa cara típica, morbosa, había violado a mi abuela moribunda, todas estas imágenes y vivencias están en mi mente como si recién hubiesen ocurrido. Me siento más basura, ¿por qué no hice nada?, ¿por qué no agarré un palo y se lo partí por la cabeza? ¿Por qué nunca dije nada? ¿Por qué nunca grité? ¿Por qué nunca nada?, eso es lo que no me perdono. Mi abuela, llorando, me dijo que la violaba, que era el diablo. ¡Sí, abuela! Tenés razón, sé que no fue la primera vez, porque lo decía, pero lo tomaron como demencia senil, era más fácil negar la verdad. No sé por qué tanta locura, tanto desquicio. Otro día llegué a casa, abrí la puerta y mi hermana tercera estaba en la cama de nuestros padres, y el diablo estaba con ella, jugando al manoseo, con esa cara que yo conocía, de degenerado, una mirada de goce. Creo que evité lo peor.

El niño es para mí el ser de vida pura, de mente y mundo propios, secreto, incompartible, impenetrable, su yo completo, permitirse ser tal como es perfecto, pero vulnerable, débil, sin poder discernir, frágil, dependiente de amor, afectos, cariños. ¡Simplemente dependientes de otro ser!, ¡ser niño!

MI ADOLESCENCIA

Me recibí de profesora de Dibujo y Pintura artística, 11 de diciembre de 1981, a los dieciocho años de edad, nadie fue a la entrega de diploma, como pude me traje el gobelino que tardé un año en pintarlo y todavía conservo. Concurría a la escuela nivel secundario y como no estudiaba, no comprendía las materias como Química y debía rendirlas bien para aprobar el año; en un examen oral de química, me envió a escribir en la pizarra unos ejercicios que eran para mí idioma chino, no comprendía nada, pero comencé sin querer a comunicarme telepáticamente con la profesora llamada de apellido Meo de Parada, y cuando ella pensaba la respuesta, la escribía y me decía: «Muy bien, ves que sabe, ¿por qué no realizas bien los deberes si sabes las fórmulas?». Ella se distraía corrigiendo las pruebas de los alumnos y yo dejaba de escribir los ejercicios, me miraba y ella pensaba lo que debía escribir y así logré sacar una buena nota y aprobar la materia. Así rendí la materia de Física logrando aprobar el año. Y descubrí que podía comunicarme con telepatía, pero no dominaba esta técnica, fluía sin control sola. *Era una adolescente muy descuidada en la imagen de mi persona; un día fui a la escuela con zapatos diferentes, me di cuenta porque mis compañeros de curso se reían y me hicieron una broma. Me quitaron los zapatos en la clase de Geografía, ingresó el profesor y a tantas risas y mis quejas con que me devolvieran los zapatos, el profesor me hizo pasar al frente para dar una lección y señalar en el mapa que describía los países del mundo y que había colgado de la pizarra. Me solicitaba que indicara dónde se encontraba el mar Negro, ante tantas risas de mis compañeros el profesor pensó que se burlaban de él y me puso de nota un cero. Como el profesor camina-*

ba por los pasillos del aula, se sentó y como la silla la pata de atrás izquierda estaba rota, se cayó para atrás golpeándose fuertemente su espalda y los alumnos estallaron en risas, lo que provoco que la directora de la escuela ingresara al aula para ver lo que sucedía. En mi curso era líder por mi personalidad: naturalmente histriónica, alegre, riendo siempre. Un día, sin darme cuenta, me puse medias de diferentes colores, dentro del salón donde se dictaban las clases y ante la demora del ingreso de la profesora de Lengua, ante las bromas de mis compañeros, me puse a bailar, ingresó la profesora y miraba mis payasadas, sin darme cuenta, hasta que me dijo: «Ya que estás tan graciosa, baila para mí o te pongo un cero», y así lo hice, era muy buena la profesora, se rio y me envió a sentarme.

La relación con mi madre empeoraba, en la última discusión me quiso pegar una cachetada, pero le paré la mano, le dije: «Esta es la última vez que me pegas», me echó a la calle, junté mis pocas cosas, mi mochila, el guardapolvo y me fui. Eran como las ocho de la noche, me acompañó mi padre y me dijo: «¿A dónde vas a ir?», «No sé». Me deseó suerte y se regresó, pasé la vía por Rómulo Noya y me escondí en una casa que tenía unas plantas llamadas hojosa, me escondí, tenía miedo a que los militares me atraparan y me dañaran. Dormí y me fui a la escuela. Le pedí a mi tía si podía quedarme a vivir por un tiempo, me aceptaron, era una situación incómoda para ellos y para mí, estaban acostumbrados a vivir solos, yo me sentía un estorbo, un gasto, así que conseguí un trabajo de bibliotecaria en la José Ingenieros, me pagaban muy poco, pero me alcanzaba para los gastos escolares. Me gustaba mucho, eran muy buenas personas y mi tía estaba feliz, éramos compañeras, compró una pileta pelo pincho y nos metíamos las dos. Nos reíamos mucho. Los fines de semana venían la tía Peki y su esposo, un amor los dos, pasé un fin de semana con ellos, y me sentía muy querida. Solo una vez le conté a mi tía un poquito que mi padre abusaba de mí y que por eso me fui de casa. Le contó a su hija y ella me dijo que era una mentirosa, como siempre, no le contesté ni seguí su conversación. Un día me llevó a pasear de noche a tomar un submarino, era la primera vez que iba a un lugar así. Ella se fue de viaje con su esposo en el barco, de la Marina Mercante, me contaba lo lindo que era su trabajo y tiempo más tarde comencé a estudiar para embarcarme.

En la biblioteca tenía una compañera, en la parte administrativa Patricia, nos hicimos buenas amigas. Frecuentaba la biblioteca un chico llamado Hugo, amigo de Patricia y de la antigua bibliotecaria, era molesto y se sentaba cerca de mi escritorio, traía golosinas para todos, hablaba y hablaba, yo no le prestaba atención. Un día vi a mi príncipe azul, llamado Gabriel, buscando un libro, cada vez venía más seguido, hasta que al tiempo me estaba esperando al cerrar la biblioteca, me sonrió y me dio una flor. Sin mediar palabra me acompañó hasta la casa de mi tía, solo me sonreía y si dijo algo, ya no lo recuerdo. Comenzó a esperarme en la esquina y me acompañaba a la biblioteca, se iba y a la salida hacía lo mismo, hablada siempre recitando una canción o alguna poesía, nunca lo entendí, era muy bohemio, salimos así muchas veces; algún fin de semana paseábamos con el auto de su padre, íbamos al río, nos pasábamos horas sin decir nada o alguna cosa sin sentido, nunca tuvimos una conversación seria, un diálogo coherente. Nunca supe qué pasó por su mente, cuáles eran sus sentimientos por mí, nunca, solo una mirada, una sonrisa, y una frase de algún escritor que no entendía y nada más. Una vez paseando por la plaza principal me dijo que tenía que ser modelo porque tenía un rostro griego, eso fue lo más coherente que me dijo, pero yo estaba profundamente enamorada, era el príncipe más azul que todos los océanos y cielo juntos, siempre esperaba que me dijera qué sentía por mí. Nunca me animé a preguntarle, siempre tímida, introvertida, él estudiaba Música, guitarrista clásico, se fue de vacaciones al sur y me trajo un collar de nácar. En otras vacaciones me regaló una bincha mapuche, y un día no vino más ni lo vi más, se fue como un cuento, sin decir nada. No supe más de él, pero fueron siete meses de ilusión y amor platónico. Mi corazón se rompió, estalló en tantos pedacitos que nunca se unieron totalmente, yo sufría mucho por él y mi penosa vida, y Hugo comenzó a venir más seguido acompañado de su risa falsa.

Mi tía me pidió que me fuera porque regresaban del viaje su hija y esposo y habían tenido un bebé, vivirían en la habitación donde yo dormía. Así que me fui a dormir a la biblioteca, tenía un baño con ducha con bañera, de noche arreglaba y ordenaba los libros, estudiaba el último año del secundario, descubrí la existencia sobre los libros de cuento que mi verdadero padre me contaba, fue muy emocionante. Viajaba a Buenos Aires a la capital, me preparaba para rendir Matemáticas en la Marina Mercante, igualmente no entendía una, en la clase parecía chino básico. Conocí a una amiga en la biblioteca, de origen italiano, era unos añitos mayor, rubia de ojos claros, éramos muy buenas amigas, le gustaba la filosofía, la aplicaba mucho en su forma de vida, se cuestionaba todo y se deprimía; estudiaba Sociología en la Universidad de Buenos Aires, incluso me llevó a presenciar sus clases, vivía en una pensión cerca de la facultad y visitaba a sus padres los fines de semana. Fuimos varias veces a jugar *pool* al club independiente, donde los fines de semana trabajaba yo en turno de tarde como lavacopas. Una noche en la biblioteca, dormida en un sillón que había cerca de las ventanas, me despertó una explosión, todos los vidrios cayeron sobre mí, cubriendo todo mi cuerpo; aturdida, tambaleante, salí a la calle escondiéndome entre las sombras de las casas, el chirriante chorrear de los vidrios luminoso estallaban en el suelo como sonajero, delatando mi ubicación para que los militares me pillaran, es un milagro que no tuviera ningún corte. ¡A dormir varias noches a la calle! Hasta que arreglaron la puerta y colocaron los vidrios. No tenía casi ropa, pues lavaba las prendas interiores y las colgaba en una cuerda en el garaje, pero no sabía que le prestaban el garaje a la vecina que tenía un negocio, pues vio las prendas y les contó a los directivos de la biblioteca que dormía allí. El socio secretario era una persona seria, pero muy buena, fue a la casa de mi tía, eran conocidos, le pidió permiso para que yo viviera en su casa y cuidara a su madre de ochenta y siete años, doña Ermiña. Me llevaba bien con ella, éramos muy compañeras, sonreía mucho, estaba contenta de no estar sola, caminaba poco y miraba televisión, el hijo cocinaba para las dos, yo hacía la limpieza, ambos estaban contentos; lamentablemente, duré poco, primero vino de noche Hugo, el chico de la biblioteca, entró por atrás y golpeó mi ventana, a tanto escándalo tuve que dejarlo entrar, él siempre se manejaba con irresponsabilidad, ¡como reírse de la vida! A toda costa quería lograr caprichosamente sus objetivos, dejó de trabajar de lava copas, de ir al gimnasio. Una tardecita llegué yo a la casa de Ermiña y estaba mi mamá con mi hermana pequeña, quería saber cómo me encontraba, me dio una crisis de ansiedad, ver a mi madre y a mi triste hermanita. No soporté más, agarré mi mochila, mi guardapolvo y me fui, ya no podía más, vivía continuamente la pesadilla de mi infancia, el no tener un techo, el dolor de perder a mi amor platónico, la frase típica de «Todo me sale mal». Caminé por la calle Justa Lima hacia el puente brazo largo, estaba decidida. Quería morir, pensaba en mi hermanita, cuánto iba ella a sufrir, caminé y caminé, llegué al medio del puente, pero no tuve el valor de arrojarme. Medité mucho, ya que no podía llorar porque la impotencia y el dolor me ganaban, los porqués salían a borbotones escabulléndose desde mi alma. Dios, solo Dios conocía mi sufrimiento, pensaba que tal vez tuviera una oportunidad de vivir una vida normal, tranquila. Me fui a la barranca a unos metros de la casa de Hugo, me quedé sentada por horas, hasta que vino, hablamos y quedamos en pedirle permiso al padre, hicimos un trato de vivir como hermanos. Al tiempo no se cumplió y comencé a descubrir al verdadero Hugo; histérico, agresivo, irresponsable, posesivo. Él se llevaba mal con su padre, es como que lo culpaba de la muerte de su madre; ella era costurera, el padre era quinielero, tenía un puesto de diarios y revistas, Hugo, su único, hijo le causaba muchos disgustos, su madre murió de un infarto, muy joven. Viví ahí poco tiempo, el padre se sentía incómodo, yo trataba de no gastar luz, no cocinar, no hacer ruido y estar el tiempo necesario. Hugo vivía sin importarle nada, provocaba a los vecinos saliendo desnudo al patio y les gritaba, junté mis cosas y me fui a embarcarme en el Manuel Belgrano, viaje de estudio. Fui con él, visité a mis hermanas en la pensión, la que le sigue a mí estudiaba Medicina, la otra era vaga y le volvía loca a mi hermana. Antes habíamos ido a visitar la madrina de Hugo, dueños de la revista *Antiojito*, a preguntarle si conocía a mi padre y dónde vivía, pero no sabía nada. Cuando estaba en el puerto ya para embarcarme, Hugo me sacó los documentos del bolso y no pude irme. Terminé durmiendo en la escalera del subte.

Vivimos con su padre unos meses, pero Hugo no buscaba trabajo, su prioridad eran sus amigos y amigas, tenía relaciones con su amiga Adriana a pesar de que se iba a casar con un dentista, con su tía ya mayorcita de edad más de cincuenta. Yo lo sabía, pero no me importaba. A mis diecinueve años, no me importaba nada; quedé embarazada, no quería tener hijos y él tampoco, ¡¡habló con su amiga, la madre de Adriana, y le recomendó un médico!! Yo pensé que iba a un control, pero él de frente le dijo que quería que hiciera un aborto, ¡que nos sacó cagando leches! Dos días después, iba en bicicleta, me chocó un auto que se fue y me dejó tirada en el suelo, tuve un fuerte dolor y de noche comencé con una hemorragia; fuimos a casa de mis padres y a la tarde aborté naturalmente. Vivimos allí un tiempo, mis hermanos lo conocían de la escuela, no lo querían, decían que era un maldito pendenciero. Consiguió un trabajo en el correo de repartidor de cartas y alquilamos una casita en la barranca; le gustaba el trabajo, compró una bicicleta negra porque caminaba mucho. Los fines de semana traía a mi pequeña hermanita. Delante vivían los dueños, tenían una ventana en la que se pasaban la madre y la hija husmeando, me encerraba, no salía al patio, de vez en cuando nos visitaba mi amiga, pagábamos el alquiler y la luz, lo demás lo ahorrábamos, pero él, sin decirme nada, había comprado las alianzas y un cintillo precioso todo de oro. El cintillo tenía nueve rubíes en cruz, montado en corazones de oro, una belleza, una pieza única que fabricó el joyero, y cuando terminó de pagar se la entregó. Él me comenzó a aislar y me decía que mi amiga era lesbiana; una noche ella vino como a las dos de la madrugada, estábamos bastante lejos de la puerta de entrada, ella gritaba, él se levantó furioso porque tenía que entrar a trabajar a las cinco de la mañana y la echó, ella lloraba, yo no salí a preguntarle qué le pasaba, pero estuvo varias horas. Él me dijo que era un ataque de celos porque hice pareja con él. Entonces Hugo llegó un día al mediodía enojado porque lo habían despedido, el examen médico le dio negativo por motivos de la columna desviada. Decidimos irnos a Estados Unidos caminando a dedo, vendimos la bici, todo lo que teníamos y otras cosas se las dejamos a mi mamá. Fuimos a Buenos Aires, compramos dos mochilas, una bolsa de dormir, una carpa y utensilios para cocinar, teníamos unos doscientos dólares.

EL CÍRCULO DE LA VIDA. Antes de viajar, me emancipé con diecinueve años. Fui a despedirme de mi amiga Kelly, en mi bici blanca, al vuelo de mi acampanado vestido amarillo de gasa, una sonrisa perdida y sin motivo, rapidito, rapidito, pedal y pedal; llegué a su casa, frené con el pie y me quedé como a caballito, Kelly estaba en la puerta con su amplia sonrisa, al lado había un humilde vivero, en la vidriera, un cartel que decía «Se cosen pelotas». Estaba en la puerta el dueño, me miró con soberbia, yo también lo miré sin darle importancia, pero estaba predestinado, la vida dio un gran y nos volvimos a encontrar, por teléfono en Electronorte, después de siete años, cuando regresé a Argentina, a mi ciudad natal. Se llama Jorge, mi pareja desde hace treinta y cinco años y padre de mi segundo hijo. Relataré nuestra historia más adelante.

AÑOS DE AVENTURAS
Mochileros (primeros días de julio, 1984)

Ni bien llegamos cerca del puente Brazo Largo nos paró un camión. Al tirar las mochilas en el acoplado me lastimé la espalda, le cebamos mate al chófer y charleteamos todo el camino, nos dejó en la ruta en Entre Ríos, camino a al balneario de Ñandubaysal en Gualeguaychu. Caminamos todo un día, pero nunca llegábamos, nos sorprendió la noche en una curva en la que había un campo alambrado con una tranquera blanca, ingresamos a escondidillas, no se veían casas, armamos la carpa, nos quedamos dormidos hasta que de madrugada sentimos que el suelo temblaba y mucho. Nos levantamos, se nos venían un millón de vacas encima, arrastramos la carpa como pudimos, salimos de su paso, vino el arriero, hablamos un poco y nos invitó a desayunar, muy agradecidos estábamos con la familia, luego regresamos a la ruta. Caminamos un mucho, haciendo dedo, un camión nos paró, después de largas horas de viaje, nos bajamos en el desvío de la ruta que va a la capital de Corrientes. Era una noche cálida y estrellada, el camionero se dirigía a Misiones, armamos la carpa en la entrada de una estancia y por las dudas dejamos lugar por si entraba un vehículo o una tropilla de caballos o simplemente vacas, por la experiencia vivida no ingresamos al campo, cocinamos polenta hervida con sal y a dormir. Caminamos días y días, acampábamos de nochecita y comíamos polenta hervida con sal, nuestro baño eran los pastizales para hacer pis o defecar, nuestra protección de la piel del cuerpo era la mugre. Las mochilas eran muy pesadas, nos cansábamos cucho. Cuando se terminaba el agua buena, usábamos las de las zanjas o arroyos que cruzábamos. Nuestra meta era no gastar dinero en transporte. A las dos semanas de caminar nos paró un camión que nos dejó en la ciudad de Corrientes capital, yo tenía un dolor en la espalda que me quemaba, él quería ir a Itatí a visitar unos familiares el hermano de su padre, así que tomamos un colectivo que nos dejó en la plaza. Él no tenía ni idea de dónde vivían, pero era un pueblo pequeño de cuatro manzanas, así que preguntamos a los paisanos, nos indicaron sin problemas, estábamos a dos cuadras. Sus tíos nos atendieron con cariño, criaban chanchos, era una casona de paredes de barro, puertas y ventanas de madera despintadas muy altas, donde el tiempo pintaba sus años, nos alojaron en una habitación grande, con una cama matrimonial donde debajo guardaban las manos de plátanos verde. El dolor de espalda me postró en la cama, me llevaron al único médico, pero no pudo solucionar mi dolor, solo reposo, les escribí una carta a mis padres y a mi pequeña hermanita, diciendo que estábamos bien.

LA MUERTE DE MI ABUELA, julio de 1984

Estaba acostada en la cama, era la hora de la siesta, estaba sola y vi a mi abuela Paula parada en la puerta, se acercó a mí, se sentó en la cama, me agarró de la mano y me dijo: «Hija, me voy a descansar, ¡no sufras por mí, yo estaré bien!», y desapareció, en ese momento supe que murió. A los dos o tres días llegó un telegrama avisándome de su muerte. Me quedé tranquila, la vi bien, caminando como si tuviera ochenta años, sonriente, con su pelo blanco y el batón de siempre, sin sufrimiento. Tardé muchos años en superar su muerte, la amaba mucho.

LA PARTIDA DE ITATÍ

Queríamos llegar a las cataratas del Iguazú, partimos a dedo hacia Misiones, un camión nos dejó en la yerbatera Complejo las Marías. Queríamos trabajar, tuvimos una entrevista, no había trabajo para nosotros, nos vieron muy mochileros, yo les insistí en que podía recolectar la yerba mate, que estaba acostumbrada a realizar trabajos pesados, ante mis exigencias, nos atendió un señor muy educado, de traje, el dueño, gerente o no sé, insistí por trabajo y me dijo: «A ver tus manos, no puedes hacer el tipo de trabajo que realizamos aquí», me mostró la planta el secado, la trituradora, todo, nos regaló un kit de mate, termo y varios paquetes de yerba. Mi idea del viaje no era llegar a Estados Unidos, sino encontrar un lugar en el que pudiéramos trabajar y tener una vida tranquila sin importar dónde. Regresábamos a Corrientes capital a dedo, cruzamos toda Formosa, agua y esteros hasta Salta, ahí estuvimos unos días, muy linda la ciudad, acampamos en zona de *camping*. Visitamos los lugares históricos, una iglesia pequeña con forma de bóveda, enrojecida por la tierra ocre, del año 400, con paredes de un metro y medio de ancho asentado en barro y un Cristo en madera dura tallado. Según cuentan los moradores, este Cristo iba a otra ciudad, no recuerdo cuál, se le rompía la carreta, la arreglaban y se volvía a romper, hasta que comenzó a prenderse fuego, interpretaron que quería quedarse allí y se construyó la iglesia. Encontré trabajo por el periódico, como sirvienta, en la casa de un concejal, tenía otra empleada que se quejaba de que era mucho el trabajo para ella sola. Ambas dentro una habitación de un metro y medio por dos, la cama era una losa, un colchón finito, como una celda; tenía muchas tareas, una de ellas era limpiar la habitación de los señores. Me impresionó lo sucia que era esa señora, dejaba los algodones sucios *rojos* en el suelo y se manchaba la alfombra celestita, vino el señor y vio todo eso mientras yo arrodillaba cepillaba la alfombra para sacar la sangre. Antes de que se secara, el señor se puso colorado de vergüenza, me miró como diciendo *lo siento* y discutió con su señora por ese tema. Él era amable y respetuoso. Un día la empleada había ingresado a mi habitación y me había robado el cintillo y el anillo, no me lo quería devolver, amablemente se lo pedí, la agarré del cuello y la levanté contra la pared, medio ahorcándola, los sacó del bolsillo de su delantal y me los entregó. El fin de semana iba a visitar a Hugo, que estaba en un campo con la carpa, y le llevaba algún sándwich, pero después de unas semanas, dejé de trabajar, no me pagaban y nos fuimos de Corrientes. Tomamos un colectivo que nos llevó a la estación de trenes y subimos a un tren de carga de carbón que nos acercó a la frontera con Bolivia. Paró en un pueblito, en el carguero viajaban muchas personas, tiraban latas de comida, nosotros pescamos algunas de dulce de batata, bajé para ir al baño, pero no había estación de pasajeros. En medio del campo, vi un ranchito, había una señora y unos niños, le pregunté si me dejaba pasar al baño y me señaló al fondo. Ahí, ahicito, no encontraba el baño, era en los yuyos, subí al carguero y arrancó el tren. Nuestro vagón quedó parado, y despacito se alejaba el tren, Hugo agarró la mochila y saltó al otro vagón, tuve que hacer lo mismo, pero ya estaba muy separado para saltar. Me quedé colgada y me ayudó a trepar, seguimos hasta su final de recorrido. Hugo había preparado nuestro viaje a la perfección, la carpa era de lona impermeable, las mochilas también, verdes tipo militar; llevaba un solo juego de ropa interior, en la bolsa de dormir de plumas de ganso entrabamos los dos, teníamos una pequeña ollita para hervir el agua junto con la polenta con sal. Nora, hermana de mi padre, nos había regalado un cortaplumas rojo, que tenía de todo: tijera, abrelatas, sacacorchos, cortaplumas, cortaúñas..., lo usamos muchos años. Un solo plato de metal verde y comíamos los dos. Teníamos unas zapatillas muy cómodas, nos duraron un montón de años, unas camperas, también verdes, de pluma de ganso, me parecía un gasto excesivo, pero estuvo acertado. No teníamos gorros, lentes de sol, guantes, ni bufanda, frazadas, nada; lo puesto y una muda de ropa, que era un pantalón deportivo y algo más. En el tren carguero de noche pasamos mucho frío. En tantas noches de acampe él se desenvolvía como un experto, doblaba prolija la carpa bien comprimida, armaba las mochilas para que resultaran lo más cómodas posible, nos habíamos convertidos en compañeros, confiábamos plenamente el uno en el otro. Las adversidades eran muchas, teníamos que estar muy atentos, compartíamos todo, era muy duro el camino que elegimos. Él no estaba acostumbrado a pasar semejantes necesidades, pero lo tomó bien con mucha responsabilidad; era meticuloso y sumamente ordenado, poco a poco su sonrisa se escapaba con el tiempo, llegamos hasta el punto de comer pasto. Decíamos: «Si las vacas están gordas, será por algo».

BOLIVIA
Pocitos (30 de agosto de 1984)

Cruzamos el puente internacional caminando, nos revisaron las mochilas, encontraron una bolsita de bicarbonato que la usábamos para cepillar los dientes, nos hicieron esperar. Nos decían los policías de aduana: «¿Quieren reírse un rato?», pasaban las señoras bolivianas y les quitaban el sombrero, ellas se quedaban sentaditas en el lugar, se lo colocaban, se paraban, se lo quitaban, se volvían a parar, ellos se reían. Cruzamos, había puestos de comida, teníamos hambre, pero cuando vimos que hacían sus necesidades detrás del puesto, se limpiaban con las mismas faldas, no se lavaban las manos y con la misma agua sucia lavaban los utensilios, nos daba náuseas. El aroma del lago Titicaca hace su honor al nombre, no pudimos comer, tomamos un micro para salir rápido de ese lugar hasta Potosí; queríamos acampar cerca de un río, preguntábamos y nos decían: «Allí pa dentro». Caminamos todo el día, y nada, necesitábamos agua, bañarnos y lavar la ropa, estábamos negros de mugre por el carbón. Caminamos dos días en dirección contraria a Oruro, así que regresamos, nunca encontramos el tal río, dos días más de regreso. Caminamos, bebiendo agua de alguna zanja, tomamos un micro y llegamos a Oruro, allí, tuvimos que ir a un hotel por un día, como no existe que te lleven, lo que nosotros los argentinos llamamos a dedo, tomamos el tren a La ciudad de La Paz, en el tren conocimos a un muchacho, todo vestido de blanco, desquiciado, dijo que era el hijo del presidente democrático de Bolivia, era medio rubio, el pelo un poco largo, contaba que los militares lo iban a matar e iba a la ciudad La Paz. El viaje fue lindo, hermosos paisajes; estábamos un poco desnutridos, habíamos bajado mucho de peso, pero teníamos la moral alta y mucha fuerza de voluntad, gozábamos de una libertad absoluta, y a pesar de todo disfrutábamos del viaje. Llegando a La Paz ingresamos como en una olla rodeada de montañas, bajamos en la estación y no había ninguna persona civil, todos militares, me dirigí a uno de ellos que se paseaba de un lado al otro, tenía algún tipo de rango alto, amablemente le pregunté cómo llegar a la plaza principal, me miró con desprecio, no me contestó, le repetí la pregunta, vino otro militar, me dijo de buen modo que no le dirigiera la palabra. Yo volví a preguntarle, pero, como no me contestó, me enojé, le dije que no era manera de tratar así a los turistas, que era un maleducado y algunas cosas más, pero sin insultar ni faltarle el respeto. Miró a su sirviente militar, nos llevaron a una casa donde había personas detenidas en la clandestinidad. Directamente a Hugo lo llevaron al calabozo, a mí, a una oficina con ese militar de jerarquía, nuestras mochilas, las vaciaron tirando todo al suelo, me hizo unas preguntas sobre dónde íbamos, con quién iba quien era, si era menor; contesté a todas sus preguntas y dijo que si me había escapado de mi casa, le mostré la emancipación que me habían hecho mis padres, me quitó la alianza y el cintillo y los guardó en una caja fuerte que tenía en la oficina. Me encerraron en un calabozo, con puerta ciega, de un metro y medio metros por dos, con varias mujeres con sus vestidos anchos y coloridos, un olor nauseabundo y un pedacito de suelo para sentarnos. Todos los días, al mediodía me sacaban, me llevaban a un cuarto, había una cama, una mesa con frutas, comida y una silla que el militar me ofrecía a cambio de relaciones sexuales, yo ya no permitía que abusaran de mí, así que, con mucho orgullo, le dije que no, que prefería morir, ¡y de vuelta al calabozo! Pasaba por la celda de Hugo, tenía una puerta con ventana y me veía pasar, yo le decía «Cálmate, estoy bien», pero todo el día gritaba «Sáquenme de aquí», los insultaba. Yo, al no comer, me fui debilitando, casi no caminaba, una mujer me dio un plátano, me hablaba, pero no entendía nada. Ocho días me tuvieron llevándome a ese cuarto, no me daban ni agua, estaba mal, deshidratada, me llevaron a la oficina del militar, habló conmigo, sereno, con respeto me dijo que nunca había conocido a una mujer con tanta firmeza y otras pelotudeces más, me devolvió los anillos y todas nuestras pertenencias. Salimos de allí, estábamos en la plaza principal, Hugo estaba bien, le daban de comer, se quejaba de que la comida era una porquería, yo lo escuchaba, él no sabía cómo eran mis días y nunca se lo conté. En la plaza él se puso a ordenar las mochilas, mientras yo observaba cómo los bolivianos cruzaban la plaza caminando rapidito mirando reiterativamente sus relojes, todos iguales. Estaba cerca el Congreso y había un canillita vendiendo diarios, un pibito muy pizcueto, queríamos saber cómo ir a la estación de buses y tomar un micro al límite de Perú, nos contó que era hijo de cacique, y que quería ser presidente. Tomamos el micro y llegamos a la frontera de Perú por Desaguadero. Cuando salí de Argentina pesaba unos ochenta y siete kilos, medía un metro setenta y dos, y ahora estaría pesando setenta y dos kilos, la ropa me quedaba muy grande y nunca se me ocurrió comprar, a pesar de que nuestras zapatillas ya tenían rotas las suelas.

PERÚ, SEPTIEMBRE, 1984. Desaguadero - Pomata

Cruzamos la frontera caminando, subimos a un camioncito, hablamos un poco, nos llevó al Convento, era un padre franciscano. La puerta de color madera daba a un patio, en un lateral había un cuarto, descargamos unas bolsas de papas, verduras y carne; estaba cerca de una gran curva del lago Titicaca, nos recibieron muy bien, con una habitación grande y cómoda en alas diferentes. Nos alimentaron, pero Hugo a los pocos días se enfermó con fiebre, vinieron las monjas, día y noche, lo sumergían en una tina grande para bajar la fiebre tifoidea, algo que comimos o el agua nos cayó mal. No se recuperaba, estaba inconsciente, no había hospital cerca, estuvo, así como un mes o más, se pasó la mayor parte del tiempo en cama y para no contagiarme solo fui una vez a ver cómo estaba su salud. Yo comencé con fiebre igual, pero no tan fuerte, tres o cuatro días, me alimentaban con sopa de cabeza de pescado y té de coca, acompañaba al padre a buscar comida y carne que los campesinos le daban, funcionaba un comedor de niños huérfanos por la guerrilla, colaboraba con la atención a los niños. Cuando Hugo se recuperó, el padre nos llevaba a conocer el pueblo, fuimos a las islas Flotantes, fiestas religiosas, casamientos, teníamos largas charlas por la noche, nos contaba de un padre que era negro y que practicaba el exorcismo, también nos relataba sobre la ciudad perdida, cómo los nativos tenían un camino secreto por el que escapaban de los conquistadores españoles y escondían sus tesoros. Tenían mucho oro, había una entrada de piedra,

La puerta del sol, se podía ver cuando el lago bajaba sus aguas, así que fuimos, caminamos mucho por la orilla y la encontramos, está en una curva del lago Titicaca, era una piedra tallada en forma rectangular como una puerta, tenía como tres metros de alto y unos dos metros de ancho. Los dibujos tallados eran símbolos raros, los indios peruanos ingresaban por esa puerta, había un túnel que llegaba a la ciudad perdida, pasando debajo de las montañas, algunos lugares estaban inundados, cuando subía la marea la puerta de entrada que estaba en la orilla del río Titicaca, quedaba bajo el agua. Estábamos muy cómodos, pero teníamos que continuar nuestro viaje, la sopa de pescado y los jugos nutritivos nos ayudaron mucho. El padre franciscano hacía un trabajo social muy importante, la gente lo quería mucho, era muy especial, comprensivo. Estuvimos como tres meses viviendo en el convento de los franciscanos, ya era hora de partir. El padre nos acercó un poco, teníamos que regresar a Desaguadero y llegar a Arequipa. Caminamos mucho porque no había micros, dormíamos en las montañas a más de cuatro mil metros de altura sobre el nivel del mar, el apunamiento nos jugaba en contra, nos sentíamos descompuestos, pero no gustaba mirar las estrellas. Hacíamos un fueguito y tomábamos café o masticábamos hojas de coca, el padre nos había dado, algunos alimentos, aunque por el peso no podíamos llevar mucho. Nos tardamos varios días en llegar, íbamos a las terrazas donde los antiguos sembraban, estaban limpias, el pasto estaba corto, como si ellos mismos lo cuidaran. En algunas partes los posos de piedra eran suaves, como si los hubiesen tallado, tenían un poco de agua y ahí lavamos nuestras ropas, nos bañábamos, descansábamos y disfrutábamos el paisaje. Nuestra relación era rara, invadía siempre el silencio, pensaba que las montañas y los antiguos no nos dejaban hablar porque los despertábamos con el murmullo, aprendimos a trepar las montañas como un gato sin soga, con las mochilas en la espalda, a subir lo más alto posible y contemplar las estrellas. Dormir así es una experiencia única, una comunión con el universo, las estrellas la luna, verla esconderse entre las montañas, tímida, cálida y callada, la puesta y salida del sol, imperdibles, son cosas que solo se sienten, las palabras sobran. Tomamos un micro hasta Arequipa, dos veces hice ese viaje por tierra, no lo haría otra vez ni loca. No teníamos mucho dinero, así que tuvimos que subir a un trasporte tipo colectivo viejo de los *dale, dale* con las gallinas arriba y todo, donde viajaban las personas humildes, bien cachuzo, que no se sabía si iba a llegar; nos sentamos al fondo, yo, del lado de la ventanilla, era un camino de pedregullo, sinuoso, angosto, de un solo carril, iba al filo de los numerosos precipicios y al ras de las filosas piedras, parecía que las ruedas iban al aire. Cruzábamos hilos de ríos con poca agua, a veinte kilómetros por hora, cuando venía un vehículo de frente, el micro se chocaba contra algún hueco de la montaña y lo dejaba pasar. El paisaje hermoso inolvidable, las montañas imponentes, atrevidas, lucían sus vestidos coloreados, sus faldas largas como un trapo viejo que se arrastra en las laderas, jóvenes e inquietas, bailan produciendo un huaico de barro y piedras. En la carretera, interrumpiendo el paso, las personas se bajaban y tiraban las piedras al abismo para poder pasar, daba miedo, terror. A mitad del camino, en una curva, venía un camión de frente, el chófer no tuvo tiempo de llegar a la cuevita que naturalmente había en la curva, al girar, nuestro bus quedó con las ruedas de atrás en el aire, pero los paisanos, acostumbrados, se desplazaron hacia delante del bus, para equilibrar el peso. Hugo tiró las dos mochilas hacia delante, se mantuvo en el frente, por el peso del bus se resbalaba al precipicio, yo quedé sola y me tiré de cabeza tratando de gatear hacia delante, pero el bus se inclinaba más. Mientras tanto, el camionero preparaba una soga para tirarlo, no me podía mover, sentía cómo las piedras caían. Hugo se acostó en el piso del micro, me decía «Trata de agarrar mi mano», fui deslizándome despacito hasta que llegué a su mano, los hombres le tiraron de los pies hasta que nos sacaron. El camión marcha atrás tiró al micro y subieron los pasajeros como si nada. Los manantiales escupen sublimes hilos de agua que bañan a las montañas otorgándoles un color verdoso por los añejos musgos. Llegamos a Arequipa, buscamos lugar de acampe, pero no había, dormimos en la plaza y luego buscamos otro micro a Lima. Este viaje fue costeando el mar, un viaje tranquilo, relajante, en un micro más moderno. Nos bajamos en la terminal y caminamos hacia la plaza principal, para orientarnos y compramos una mano de plátanos; las calles y las casas eran muy viejas y descuidadas, los hombres orinaban en las veredas. Hugo rezongaba y les decía «¡Cochinos de mierda!, ¡no ven que hay criaturas!». El calor y el sol fuertes hacían que el orín volara, cómodo y tranquilo, perfumando la pintoresca ciudad, eran como nubes haciendo sombra. Llegamos a la plaza San Martín, en el centro una había fuente sin agua y una estatua del general San Martín que la usaban de baño, tal vez pretendían llenar la fuente con sus pis. Comimos las bananas y preguntamos dónde tomar un micro hacia Callao, pretendíamos subir a un barco que nos llevara hasta Estados Unidos y pagarlo con trabajo. Subimos a un *dale, dale*, apilados nos situamos en el medio, habíamos sido advertidos de que te robaban mucho y le pregunté a Hugo si había guardado bien el dinero, me dijo que sí, pero confiado en que lo tenía en el bolsillo de la remera, se lo robaron. Eran cien dólares, cuando se dio cuenta en Callao, pataleó de lo lindo, nos quedamos sentados y desesperanzados, sin un solo peso, sin la posibilidad de subir al barco. Preguntamos sobre algún *camping* para pasar la noche, pero nos enviaron al Campo Marte. Fuimos caminando y llegamos de noche.

LIMA, PERÚ

VIVIR EN EL CAMPO MARTE, noviembre de 1984 (1 de febrero 1985, visita del papa Juan Pablo II)

Situados en Jesús María, Lima, cansados, acampamos; todo estaba oscuro, sin luz, había muchos árboles y ligustrinas. Nos quedamos dormidos y amaneciendo escuchábamos unas voces que se fueron convirtiendo en órdenes: «Salgan de ahí». Salió Hugo y después yo, siempre dormíamos vestidos, eran militares de la fuerza aérea, nos llevaron arrastrando a la carpa en un bollo y a las mochilas, justo acampamos frente al regimiento, pero fueron amables y nos llevaron a la oficina del general Leal, excelente persona y compresivo. Le contamos nuestra historia y se interesó mucho, nos invitó a un desayuno, seguí conversando mientras Hugo, pacientemente, ordenaba y guardaba la carpa, nos preguntó el general por qué Argentina no le permitió participar en la guerra de Malvinas. «¡Teníamos todos los aviones preparados, listos para salir! Queríamos ayudar a nuestra hermana Argentina, nunca recibimos la orden». Le di mi opinión personal. Ofreció un avión de carga para regresarnos a la Argentina, le agradecimos, pero queríamos continuar el viaje. Nos dio permiso para acampar cerca del convento. «Allí les darán agua y les prestarán los baños, hasta que solucionen el problema», dijo.

Armamos la carpa en un cuadrado formado por ligustrinas bajas, hacia un lugar más privado. Fue Hugo a la Embajada para ver si nos ayudaba, pero nada, le dijeron que nuestros padres habían preguntado por nosotros, que estaban preocupados, ya que habíamos dejado de escribirles, la Embajada les hizo llegar que estábamos bien. Llamaba la atención nuestra carpa en el Campo

Marte, estaba situado en plena ciudad de Lima, como si fuera el bosque de Palermo en Argentina, pero sin flores. Sin darnos cuenta nos sacaron fotos y salimos en el periódico, venían personas y nos traían alimentos, conversaban con nosotros, les contábamos nuestras aventuras, también vino un policía, muy amable, nos traía sopa, comidas típicas y dulces, nos decía que los cocinaba la madre, tomaba café con nosotros, era soltero, nos advirtió que era un lugar muy peligroso en el que vivían los indigentes, ladrones. Iba avisar a sus compañeros para que de noche se dieran una vuelta. Con piedra habíamos armado un pequeño fogón, juntábamos leña, calentábamos agua para el café. Y poco a poco dejó de venir la gente a traernos comida y dejamos de llamarles la atención. Una noche escuchaba pasos, era como si pudiera ver a través de la lona, dos hombres jóvenes estaban parados en el fogón, insistí en que saliera a ver, pero se habían ido. De vez en cuando rondaban algunos policías, me sentía protegida, conocimos al placero, regaba algunas plantas, había un sótano en la plaza, con salida de autos. Era bastante grande, tenía una puerta amplia que según él se conectaba a palacio de Gobierno, nos permitía bañarnos con esa manguera de bomberos, con agua helada, y nos prestaba el baño. Conocimos a una señora que vendía golosinas y cigarrillos sueltos con un cajoncito de madera, le ayudó a Hugo armar uno y comprar algunas golosinas y un paquete de cigarrillos y comenzó a vender en el Campo Marte, así creció su pequeño negocio, lo llevaba a vender a un estadio de fútbol, donde se realizaban peleas de boxeo. Vendía cigarrillos y golosinas; ahorramos dinero en la moneda soles y con ese dinero renovamos la visa de estadía turística en Perú. Yo me quedaba sola cuidando la carpa, mientras Hugo vendía golosinas en el Campo Marte. Los niños indigentes se acercaban a nuestro fogón, había uno de ellos, como de once años, que era mi amigo, eran como seis o siete que vivían en el Campo. Incluso me invitaron a su fogón, a cenar. Estaban haciendo un hervido de carne, eran unas ratas que las despellejaban y se las comían con naturalidad; el antiguo lago pasaba estaba entubado por las veredas y las cazaban allí. Un día estaba sola, vinieron esos dos jóvenes haciéndose pasar por policías de la PIP, de inmigración. Me pidieron que los acompañara a la comisaría, les creí, pero yo veía a este niño con otro más que nos seguían, se escondían detrás de los árboles, en esa caminata comencé a hablarles, ni recuerdo de qué y los distraje cambiando el camino hacia la comisaría que estaba cerca. Ni bien cruzamos la calle se dieron cuenta, me azotaron contra la pared, me pusieron un cuchillo en el cuello, miré de reojo, venían los policías acompañados por los chicos y los detuvieron, nos llevaron a la comisaría. Allí escuché cómo los interrogaron de manera tan violenta que me apenó. En la oficina les comenté por qué tanta violencia y me dijeron que salvé de milagro, que eran dos desertores, integrantes de sendero luminoso; los habían visto merodeando en nuestro acampe.

Conocimos a una señora de Lurigancho. Fuimos allí a pasar la Navidad, las calles eran de tierra, el agua la traía el municipio en camiones cisterna, la gente con un baldecito y bidones, la llevaban a su hogar, los techos de las casas eran de caña o paja, entonces nos preguntábamos qué pasaba si llovía o hacía frío. Las casitas eran de esterillas; su familia, muy humilde. Nos recibieron con mucho cariño, hizo de cena para Navidad, polenta, que nosotros llamamos palomitas de la Virgen. Regresamos al otro día a nuestro lugar del Campo Marte y aún estaba la carpa y el fogoncito.

Las monjas nos daban agua, pero cuando vino el papa, nos la negaron. La mañana en la que el papa salió al balcón, temprano fui a buscar agua, los saludé, me miró con una cara de fastidio, ni buenos días me dijo; se supone que se debe a los pobres o personas de fe. El papa tenía unas pantuflas rojas bordadas con hilo tipo oro con una piedra roja en medio, estaba solo mirando el parque, no había gente molestándolo, sentí que pesaba sobre él mucha soberbia. Yo decía que era atea, no estaba de acuerdo con la Iglesia católica. Tendría unos catorce años cuando fui a la iglesia de la plaza Mitre en Zárate, para desahogar mis penas, había tomado la comunión y quise hablar con el párroco de mis problemas; ni me escuchó, con el dedo de su mano, el índice, recorrió por encima de la ropa mis senos. Me levanté y me fui re triste. Hasta hoy considero que la Iglesia católica tiene sus súbditos, unos cuantos diría yo, aunque habrá excepciones, muchos son egoístas, degenerados, soberbios y se creen seres superiores, lo contrario que su Jesús profesó (de profesor), normas de conductas, para controlar la violencia y el desmadre de los humanos, infundiendo también temor a Dios. Un filósofo, una persona que se sacrificó por el otro, por el hombre.

No quiero ofender a los practicantes católicos, es solo una opinión personal y respeto a todas las religiones. Las diferencias hacen que nuestro ser se alimente de experiencias y opiniones de otros.

Hugo me pagaba un curso de secretaría administrativa en una academia. Conseguí un trabajo en una compañía de seguros en las oficinas de Incendio, pero me quedaba lejos en Miraflores, así que tenía que ir caminando. La señora me había regalado una camisa blanca, una falda gris y no sé de dónde saqué unos zapatos grises de taquitos, en la oficina tenía que tipiar unas planillas en tamaño A3, «Como en todos lados pagar derecho de piso, para que te acepten como compañera de trabajo», los empleados me amontonaban todo su trabajo, así que tenía que quedarme hasta tarde, por eso dure poco. Un día tomé el micro *dale, dale*, se rompió, llegué caminando, tarde, reto de por medio, en otra me quedé después de hora para adelantar, pero un jefe me acosaba, estaba tipiando fuera del horario y me llamó a su oficina, se propasó, lo mandé a la mierda, le tiré las llaves de mi oficina y no fui más ni a cobrar. Comencé a hacer un curso en la empresa UNIQUE Consultora de Belleza, vendía los productos para tratamientos de la belleza del cutis y del cuerpo, las chicas de la oficina de Don Tafur me compraban, hacían reuniones con sus amigas, y los productos eran muy buenos, así que con ese dinero afrontaba mis gastos. Era una empresa encargada de contratar personal para otras empresas.

Vivir en el Campo Marte no era impedimento para estudiar o progresar.

Hugo seguía vendiendo en la cancha, lo acompañé cuando jugaba la selección argentina, época de Maradona, y a los *rings* de boxeo. En una pelea la sangre saltó por todos lados, no me gustó, estaba el mánager de los pelos pintados, don Kim, me hice amiga de la señora del boxeador, ella estaba embarazada. La vi varias veces, tuvo su bebé en una clínica privada, se lo robaron, la acompañé en su búsqueda, pero no lo encontró y se fue a su país. Vino una señora de unos sesenta y cinco años a proponernos que viviéramos en su casa.

La casa de la profesora

Nos fuimos del Campo Marte. Esta señora daba clases de escuela primaria, los padres pagaban una cuota, arriba vivía una familia con una hijita. El lugar era un solo derrumbe lleno de escombros, cucarachas; el baño, inusable, tuvimos que armar la carpa dentro de una habitación derruida. Los padres dejaban a los niños y quedaban solos, la señora, supuesta maestra, se iba. Era un barrio peligroso, Hugo consiguió un trabajo, no recuerdo de qué, y a los tres días lo asaltaron y le robaron el bolso con sus pertenencias y el recipiente con la comida, yo conseguí trabajo al lado, una textil, trabajo esclavo; entraba a las ocho de la mañana, pero los dos hermanos que eran dueños cambiaban el horario del reloj, una hora antes, así que me decían que llegaba tarde. Cocía en máquina industrial, eran rápidas, me perforé el dedo, pero, con una curita, evité el sangrado y manchar las telas, no había descanso para almorzar, el horario de salida era las ocho de la tarde, pero cambiaban otra vez el horario del reloj de entrada y salíamos a las doce de la noche. Era un galpón cerrado sin ventanas solo los tubos fluorescentes de luz, así que perdíamos la noción del tiempo, renuncié. Me llamaba la atención que en todos los negocios te atendían por unas rejas de barrotes. Fui a comprar en un almacén maicena, pagué y el cambio me lo tiró sobre el mostrador, entonces vino un muchacho gigante, me sacó el dinero, lo corrí, lo abracé por detrás para que soltara el dinero, me arrastró por la vereda a la vista de un policía que estaba cómodamente parado mirando, logré sacarle un billete y dejé que se fuera. Ante la mirada del oficial de policía que observaba atentamente el robo sin intervenir.

Hugo consiguió trabajo de personal de seguridad en una agencia publicitaria muy importante, con ropa de trabajo que le quedaba muy bien, camisa celeste, corbata y pantalón y chaqueta azul. Me llevó a conocer el lugar y me presentó al diseñador gráfico que realizaba un cartel con aerógrafo. Me ilusionaba la idea de conseguir trabajo de pintora, me había recibido y vi una oportunidad, que se desvaneció al conocer al problema número uno, María trabajaba como recepcionista, una muy amiga de Hugo, se trataban con gran familiaridad. Y el problema número dos, las chicas con el carrito de comida, Hugo nunca tenía dinero, claro, porque les compraba la comida a ellas, a un precio tan caro que quedaba debiendo. Hugo me hablaba maravillas de María y su hijita de cinco años, comenzó a salir sábados y domingos con la excusa de que su familia lo invitaba a comer.

ESCLAVIZADA POR EL TRABAJO TEXTIL

Carlos, el vecino de arriba, me consiguió un trabajo en otra textil, según él, le vendía telas, era un edificio que se ingresaba por ascensor, que se abría la puerta directamente en un salón, sin ventanas, iluminado con tubos fluorescentes Me recibió una señora, alta, delgada, rubia, muy amable, me indicó el trabajo, serían unas cincuenta máquinas y estaban separadas, por lo que no se podía mantener conversaciones con las compañeras. Entraba a las ocho y, como era lejos, Hugo me iba a buscar; los primeros días iba todo bien, pero después les decían que no había venido. Un día sentí un escándalo y gritos, yo estaba cociendo, había perdido la noción del tiempo y me sentía agotada, pero no me dejaban salir, decían que faltaba para la hora de salida, hasta que escuché que Hugo gritaba mi nombre, logró subir, me dijo: «Agárrate fuerte a mí», comenzó a empujar y a darle golpes con un palo a todos los que le impedían el paso, hasta que subimos al ascensor, me dijo que habían pasado siete días, que el vecino de pronto se mudó, fue a realizar la denuncia, pero no le dieron importancia, fue así que me rescató. Un anuncio del periódico solicitaba una profesora, conseguí el trabajo, pero pagaban muy poco. Con el dueño hicimos una sociedad y daba clases de danza clásica. Tenía muchas alumnas porque cobrábamos muy barato, le expliqué que necesitaba un lugar para vivir y nos mudamos a ese gimnasio. Lo mantenía limpio y aumentamos las horas de clase. Quiero contar una anécdota que me partió el corazón, una nena me regaló un pañuelito bordado a mano que su madre confeccionó para mí, porque la niña me quería muchísimo, su madre tenía cáncer y falleció. Ya teníamos el ahorro y alquilamos en San Borja, un barrio lindo.

VIVIR EN EL BARRIO SAN BORJA (1985)

Era una casa en la que vivían los dueños una pareja de señores de más de sesenta años. Nos alquilaron el primer piso de una habitación y un bañito, la cocina se compartía al igual que la nevera. Estaba construido en la parte de atrás, tenía tres plantas con una escalera caracol. Por fuera, vivían varias familias.

MODELO, ACTRIZ (1985-1987) - 3 de julio de 1985. Reina de Órbita Popular

Por un aviso del periódico, ingresé en una academia de modelos, pesaba sesenta y tres kilos, en el gimnasio había modelado la cintura y fortalecido mi cuerpo. Nos reunieron en un desfile para seleccionar a las modelos que participarían en el concurso de belleza de un periódico, estaba tan nerviosa que traspiraba y no podía parar el olor a chivo, perfumaba todo el ambiente, pero es que no tenía dinero para comprar un desodorante. Me tomaron unas fotos que todavía tengo, fui reina del periódico, tejí al croché mi propio vestido, de estilo princesa, color negro, largo, ceñido al cuerpo, con la espalda descubierta y una cola ensanchándose al final formando un semicírculo. Miss Órbita popular, el 4 julio de 1985. Me presentaron a Pablo Escobar Gaviria, de quien no conocía de sus actividades, lo saludé como a cualquier persona sin darle importancia, rechazando su invitación a cenar en su mesa. En la portada de todos los diarios estaba mi foto. Comencé a trabajar como colaboradora del periódico y empecé a relacionarme con personajes públicos, como el joven recién electo presidente del Perú. Los periodistas de la revista me llevaron a una reunión, éramos pocos, en un despacho. La primera pregunta que me hicieron fue dónde colgaba un autorretrato que le habían regalado, no me cayó muy bien ese comentario, pensaba que había problemas sociales más importantes que un cuadro. Entre preguntas con los periodistas, dijeron que su señora era de Argentina, de Córdoba, me pidió una opinión, de su país, aproveché para expresarme, pobre de conocimiento de la política de Perú, pero sabía de la pobreza de su pueblo, que hay lugares que no tienen agua. Planteé cómo solucionarlo al igual que cómo mejorar y abrir más comedores populares; le interesó y me reuní con él y su equipo, llevamos adelante el tema del agua hasta Lurigancho, convocamos a los vecinos en plazas, dejaban a los chicos al cuidado de grupos de teatros, los hombres y mujeres cavaban para colocar los caños de agua, se beneficiaron muchos barrios y no fue costoso, igual les pagaba un mínimo de sueldo. Yo misma controlaba la obra, tenía experiencia en construcción civil, fui a visitar a la señora que nos invitó a pasar la Navidad, cuando el agua llegó a su casa, estaban felices, yo también; los comedores populares era pocos en Lima, cobraban un sol el primer y segundo plato, más un vasito de jugo. Alan me dijo de hacer más comedores, alquilar, pagar empleados, pero no había presupuesto, para mí no había un no se puede. Le pregunté qué galpones estaban desocupados para poderlos utilizar, así fue que hicimos lo mismo con la gente cercana a cada comedor, los arreglamos, hasta las mesas tenían un mantel, pero se logró, y los mismos vecinos cocinaban y servían las mesas. Juntábamos las frutas y las verduras de los mercadillos y la carne, más donaciones que conseguíamos. La última vez que fui a su despacho, le llevé un sobre, un mandado, lo abrió delante de mí, pero no me gustó lo que contenía, me molesté, me fui y nunca más me relacioné.

Conocí también al futuro presidente Fujimori, a su señora e hija, en una reunión política, eran muy soberbios, y también me hizo una pregunta: «¿Qué harías si fueras presidente?». Le contesté que limpiaría el Congreso, porque hay muchos corruptos, saldría con las tanquetas de agua a lavar las calles por el fuerte olor a orín, principalmente la plaza de San Martín. Cuando fue presidente me acuerdo de que salió con las tanquetas, metió chorros de agua y se le pasó la mano con el Congreso. Si hubiese estado en Perú, les hubiera dicho en la cara lo corrupto que era, menos mal que regresé a mi país, con los corruptos argentinos. Me impresionó la ciudad de Lima, que los negocios estaban totalmente enrejados, además, muchas viviendas que visité de clase media no tenían muebles, me explicaron que, en algunos barrios, los narcos habían ganado las calles y que ingresaban en grupos armados y desvalijaban las casas.

SOCIO DE DIOS, PELÍCULA PERUANA (1985)

Me llamaron para hacer de extra en una película peruana *Socio de Dios*. Tenía que ir vestida a la época, en un casco de estancia, vi al director Federico García, que acercaba la cámara hacia mi cara y me dijo que tenía un rostro de muñeca de porcelana. Fueron en las primeras escenas de la película. Conocí a Róger Rumrrill, escritor, con el que tuve teníamos largas charlas, de los misterios peruanos. Continuamos el rodaje en Iquitos. Hablamos mucho de Marcahuasi.

IQUITOS

Un lugar fantástico, no sé si era una puesta en escena o si así era su población, pero primero querían que hiciera una danza con una serpiente. Yo iba vestida de india y la serpiente era mansita, pero no le gustaba que la molestaran. El dueño quería que la acariciara así ella tendría confianza en mí, me ofrecieron mil soles, pero ni loca, soy fóbica a las arañas, víboras, cucarachas, aparte les dije que mi piel era muy blanca y no iba a hacer creíble la escena. Fui con los del vestuario y me vistieron con el vestido de la época, color celeste y sombrero, participé como extra. Recién ayer 11 de agosto de 2019 pude ver la película por la computadora internet, salí en la escena de cuando Aranda va al palco a hablar con la gente que lo habitaba. Otra escena es en el bar, donde está en primera plana Arana, detrás estoy con un actor.

Sin darme cuenta, el periódico *La República* y otros la publicaron que el dueño del bar tenía un mono y el personaje Arana jugaba con él, con la peluquera fuimos a su casa a buscar algo, una casita de techo bajo y adobe color celeste gastado por el sol, abrió la puerta y me dijo «Pasa, pasa». Era un comedor de cuatro por cuatro metros, enfrente había un aparador de costado, una abertura tipo puerta, madre mía, salió de ahí una araña gigante como corriendo, tiqui, tiqui, hacia la puerta, para recibir a su dueña, su mascota. La agarró, la acarició, su cuerpo duro era el tamaño de un plato grande, más las patas, tipo cangrejo, las había visto muertas, disecadas, las vendían en la plaza de Miraflores con un marco de madera y vidrio de ambos lados, formando una caja, aun así, me impresionaban. Yo estaba con un grupo que eran periodistas, un fotógrafo, un camarógrafo, y fuimos a un lugar, dentro de la selva, la verdad es que no sabía dónde íbamos, los conocía porque eran de una productora agencia publicitaria, otro tipo de filmaciones, grababa con ellos como modelo publicitaria. Me fui con el vestido de la película, dentro de la selva se oscurecía, los árboles no dejaban pasar la luz, a machetazos iban haciendo camino, pasamos por un lugar que el agua me daba a las rodillas y algo me pinchaba las piernas, tenía pegadas, chupando mi sangre, sanguijuelas. Delante iba un guía, costeando el Amazonas; había una tribu con mujeres que tenían el cabello negro, pero bien negro, y brilloso, semidesnudas, sin hacer ruido filmaban. Dormimos dentro de la selva en unas chozas, me mataron a picotones los mosquitos, yo no tenía repelente, alguna que otra víbora por el camino, según el guía se enroscaba en el árbol, salta y te pica, el veneno más mortal, así que no estaba muy feliz con esa aventura. Llegamos a las cuevas, según los relatos del guía por ahí salían los indios escapando de los conquistadores españoles con el oro. Prendimos una antorcha y caminamos veinte metros, la entrada de la cueva tenía unos tres metros de ancho por cuatro de alto, estaba muy cubierta de follaje. Allí vivían esas arañas y era muy oscuro, no se veía nada, se apagaron las antorchas, no se podían prender, no se podía filmar, y cuanto más avanzábamos, el oxígeno disminuía, nos causaba mareos. El miedo a las arañas fue más fuerte y nos regresamos, vimos una o dos arañas cerca de la cueva, tenían pintura fluorescente, tipo celeste flúor y eran muy grandes, y filmaron a las arañas con mucho quedado de no molestarlas al igual que a la entrada de la cueva, esa pintura la usaban los lugareños para pintar su cara. Después grabamos unas orquídeas exóticas y otras plantas que comían mosca. Eran documentales que se grababan, se editaban, se vendían, un trabajo de paciencia y aventura.

Fuimos y filmamos la contaminación que impunemente causa la petrolera Chevron, Texaco, en Ecuador, «la Amazonia», afectando impune casi treinta años a más de veinte hectáreas de la Amazonia, violando los estándares mínimos de la protección ambiental que se negaba a reconocer Chevron, afectando gravemente a sus pobladores nativos; tuvimos problemas, no nos dejaban filmar, no la pasamos bien. Aparecieron un grupo de rebeldes del grupo sendero luminoso, nos llevaron selva dentro más allá de Leticia, era un campamento. Con su jefe Ismael filmamos una reunión con personajes políticos de varios países, incluso un argentino, el Dr. Eduardo D., trataban temas de compra de armas y venta de drogas, no sé porque me dejaron vivir, conservo en mis brazos huellas de las torturas que me lo recordarán por siempre. Era un campamento, estilo militar, los soldados hacían fogones y me ofrecieron comer víbora chamuscada, me insistían en que comiera o moriría de hambre, la probé, era un gusto medio ácido, áspero, asqueroso. Me contó un soldado su experiencia con la Yuyupe, lo corrió en la selva y este soldado salvó su vida tirándole la ropa, es como un perro rabioso con grandes dientes. Tenía largas conversaciones con Ismael, jefe de los rebeldes, sobre temas sociales y políticos. Le caí bien, porque no me fusiló. En ese momento era periodista de una revista, mis compañeros, que en las corridas nos separamos y no sé cuántos de ellos fueron capturados, eran camarógrafos, no los vi nunca más y muchas personas fueron fusiladas. Yo estaba sola en cautiverio, pero mis cualidades de ser paciente y positiva me llevaron a salir adelante. No sé cuánto tiempo estuve allí, el jefe me protegía de los insurrectos intentos de violación, lo mínimo que me importaba era el agua y la comida, no sentía ni las picaduras, ja, ja, ja. No recuerdo nada de cómo llegué al bus, me desperté llegando a Lima, pasaron varios días; fui a la grabación de la fiesta en el Palacio en Lima, el segundo baile, donde Arana es el personaje principal de la película. Llegué con mi pantalón vaquero y una mochilita en la espalda, todos estaban esperándome en doble fila en la escalera, ancha media curva de mármol. Al final del pasillo, debajo del portal de ingreso al salón de baile, se encontraba el director de la película *Socio de Dios* y comenzaron a aplaudirme sin saber por qué, me dio un fuerte abrazo y me entregó un periódico con mi foto en primera plana, me felicitó muy alegre. Nos maquilló y vistió una cubana, con trajes de la época, las esperas eran comunes en las grabaciones, así fuimos a tomar un café y llegó el actor principal cubano con un camarógrafo. Se sentaron con nosotras, hablamos del régimen político de su país, le preguntamos por qué era tan serio, nos contestó: «Nosotros los cubanos nos comemos a los niños, ja, ja». Subimos al palacio y en la escalera comenzó un temblor, salimos corriendo hacia la calle como dos cuadras, gritando, como locas, vimos que todos seguían como si nada, y regresamos, muertas de risa, era mi primer temblor. En el salón ensayamos con el pianista, el vals del baile con Manuel Ochoa, en cinco minutos ya era una bailarina, la grabaron, pero en la película la recortaron. Sufría de fuertes migrañas y dolor de espalda, las luces me provocaban fotofobia, era difícil, grabar en interiores.

Seguí modelando en varios hoteles de lujo, tenía una marca exclusiva que se llamaba *Caprichos para ti*, y a cambio me regalaban la ropa que desfilaba, pero no me pagaban. El desfile que más me impresionó fue en Miraflores, llegué tarde, me quedaba lejos y tenía que ir en el bus *dale, dale*, las modelos no me querían mucho, así que en el baño me mojaron un mono azul, parecía que me había hecho pipí. La organizadora del desfile de bronca me dijo: «Ven aquí», me llevó a una habitación con la maquilladora y la peluquera y me dijo: «Vos vas a cerrar la noche». Fue con un vestido de novia hermoso con cola, velo y sombrero, bordado todo en canutillos y perlas, era muy pesado. Bajé una escalera con curvas hasta la pasarela, ella levantó el velo, me aplaudieron mucho, caminé despacio hasta el final, regresé hasta la escalera y la diseñadora me tomó del brazo. Hicimos una segunda pasada, fue emocionante, la gente se puso de pie y aplaudía mucho. Ese fue el último desfile.

Estaba estudiando en el Instituto Nacional de Cultura, Escuela Nacional de Arte Dramático, desde 1986 a 1987. Fue divertido, hice varios amigos como Iván, el Chino, un chico de tez morena que no recuerdo su nombre de más años que nosotros, éramos un grupo genial, nos reíamos mucho. A la vez en director de la escuela de modelos era director del grupo de teatro Origami. Me llamó un viernes para trabajar en la obra de teatro *Blancanieves*, fui al ensayo, me dio un libreto largo, me marcó la entrada, los pasos el baile, las canciones, todo rapidito. No soy buena en memorizar, más bien soy creativa e improviso. Estrenamos un sábado, había poca gente, no más de veinte personas, pero el director seguía apostando por su obra, comencé a ser yo misma, respetando el libreto, se enojaba mucho Malvarrosa, hasta que se adaptó a mí. Cada vez venían más personas, el director decía: «Son como cincuenta», me pagaba treinta soles por función, era poco, pero me servía, sin darnos cuenta, teníamos teatro lleno, hacíamos la entrada por la puerta de un costado, nos era difícil pasar, los niños querían tocarme y me dedicaba un tiempo para saludarlos, tuvimos que agregar funciones los viernes y estuvimos tres años a teatro lleno. Los días de semana seguía Arte Dramático, tuve que rendir un examen, con dos obras en escena, la primera fue un clásico *Medea*, de Eurípides, en el que ella mata a sus propios hijos. Representé un monólogo, y como soy muy histriónica, impresionó, no asistía el público común, sino los profesores, que son actores, alumnos y los que hacen *castings*. En la última obra no tuve tiempo de estudiar y me tocó con un chico tímido de lentes, *Don Juan Tenorio*, elegíamos una partecita, creación libre, el pobre chico se había estudiado todo de memoria, alquiló el vestuario adaptado a la época, y bueno, yo no tenía vestuario ni escenografía, pero mis compañeros lo armaron, solos, un sillón grande con una pata rota, un espejo puesto en una mesa de teléfono y una silla que recolectaron. Mi vestuario era un camisón rosa, descalza y ruleros en la cabeza, al principio no podía concentrarse el chico, hasta que elegantemente comenzó a recitar, lo hizo bien, y lo seguí a mi modo, improvisando con una gota de humor a una obra clásica. Fue genial, se fue amoldando con cada palabra y movimiento, nos sentamos en el sillón y se dio vuelta para atrás, desparramados en el suelo escuchamos los aplausos de nuestros amigos. Fue un buen final, inesperados, los profesores eran mayores y serios, pero logramos una sonrisa.

Estudiaba Impostación Vocal, no recuerdo el nombre del actor y profesor. Fue un poco más de un año, pero moduló mi voz y aprendí a usar el diafragma y la cámara de nuestra boca, los ejercicios abdominales para controlar el aire, además de proyectar la voz desde el escenario hasta la última butaca, un excelente profesor.

PELÍCULA *MISIÓN EN LOS ANDES* (1986) COOPRODUCCIÓN PERUANA Y ESTADOS UNIDOS CON ERIK STRADA

Estuve como extra en la primera parte y otra en la avenida Arequipa. Juan Manuel me lo presentó, muy atento Erik Estrada, me invitó a tomar algo, pero yo no fui muy atenta con él, me fui a tomar un café con mis amigas y perdí de protagonizar una escena importante, enojada por su actitud. Trabajé como extra y me pagaban muy bien.

Don Tafur había trasladado a Hugo al edificio de su empresa en la portería, tenía una linda recepción, aire acondicionado, alfombra roja, era un lindo lugar de trabajo. Parece que había tenido problemas en la empresa de publicidad con la recepcionista, lo sé porque el mismo Tafur me dijo «¿Por qué no lo dejas?, no es bueno para vos», y yo le dije: «Esta es la última oportunidad que le doy». El lugar tenía cámaras de seguridad, comenzó a ir una chica, morochita, Hugo tenía turno noche, quedó todo grabado, tenían relaciones en la recepción, y a don Tafur no le cayó bien. No podíamos pagar el alquiler y casi no comía, la dueña nos cortó la luz, había bajado mucho de peso, cincuenta y tres kilos. Muy anémica, salí a buscar trabajo y me caí desmayada en la puerta del Congreso, me desperté en un sillón. Hugo seguía de joda, hacía unos cuantos días que no aparecía, me sentía mal, estaba embarazada, lo perdí en el baño, tenía tanta hemorragia que estuve varios días en la cama; sin comer, me fui como pude a la casa de una señora amiga, muy pobre, que la visitaba de vez en cuando, me quede con ella hasta que me repuse, me hizo un lugarcito. Fui a buscar mis cosas, estaba la cama revuelta, las sábanas blancas y sucias, con una mancha, estaba viviendo con esa chica morena, mi mochila y mi ropa estaban prolijamente empacadas. Llegó justo cuando ya salía del cuarto, no me dejó ir, me golpeó mucho, tenía la cara muy estropeada con el ojo negro, nos llamaron la atención los dueños y nos pidieron que nos fuéramos.

EL SECUESTRO DE PABLO ESCOBAR GAVIRIA

Estaban en la puerta esperándonos, un señor con la muchacha colombiana, morena, en una camioneta *jeep* color amarillo, cargó todas nuestras cosas. Algo habría tomado agua o alguna gaseosa porque me sentía en una nube, adormecida, poco a poco perdí la conciencia. Me desperté en una habitación con dibujos de nene, una señora me hacía tomar sopa, escuchaba las risas de Hugo y la jarana de ellos. Tomé la sopa, me quedé dormida, de vez en cuando me despertaba apenas, escuché sus voces que decían «Vamos al cine», me quedé sola, no podía moverme, no sentía mi cuerpo ni podía hablar; estaba consciente, pero me habían drogado no sé con qué. Se fueron, al rato abrió la puerta de la habitación ese señor de unos treinta y pico de años, con camisa amarilla, bigotes, cabello oscuro ondulado. No era peruano, comenzó a hablar, a acariciarme y yo no podía gritar o moverme. Fue desesperante. En el momento crucial ingresó Hugo y le preguntó qué estaba haciendo. Comencé a dejar de tomar líquidos y comidas, me fui recuperando, pero no me dejaban ir. Hugo salía frecuentemente con la morena, él se reunía con otros hombres en la casa, discutían sobre los cargamentos de cocaína, hablaba mucho por teléfono sobre ese tema, no sé para qué me tenían atrapada allí, estando encerrada en la habitación solo escuchaba, no tenía mi ropa, no sabía dónde estaban mis cosas, así que aproveché una salida de ellos y me escapé por la ventana, no sé cuántos pisos bajé por un caño, pisaba unas abrazaderas, como un gato, hasta llegar a la vereda. Estaba en *calzón y corpiño*, pedí ayuda, me miraban como que estaba loca, me dijeron que la comisaría estaba a la vuelta, fui desesperada, les relaté lo a los oficiales lo ocurrido, llamaron por teléfono, vino Pablo Escobar, con dos matones, también tenían un acento diferente al peruano, Pablo me colocó sobre los hombros una chaqueta, muy amable; descalza y semidesnuda salí de esa comisaría, nos acompañó un oficial al piso, otra vez adentro. Hugo empezó a ver que algo andaba mal, le pidió que nos diera la habitación del fondo y se mudó conmigo, antes no sé dónde dormiría. Allí estaban mis cosas, pero había solo una cama y un armario. Hugo se iba a la mañana, cerraba la puerta con llave, al medio día y a la noche me llevaban a la cocina, tenían una señora empleada que hacía las tareas del hogar, estaba pocas horas, no hablaba nada. Apareció una chica medio gordita, que comenzaba una relación de pareja con Pablo Escobar, ella fue rápidamente la señora, se mudó con él, luego trajo a su hermana, al marido y sus sobrinos. Necesitaban más habitaciones, hablaba con ella, pero le convenía que nos fuéramos, le buscó la vuelta y nos dejó ir cuando él no estaba. Como fue de carrera la huida, me olvidé de algunas cosas importantes para mí, el vestido negro tejido a croché por mí, el bastón y la corona. El señor que me tenía secuestrada era un conocido narcotraficante Pablo Escobar Gaviria, él estaba en la cena de gala, presenciando el desfile, y me tomó fotos; esa noche entre saludos y saludos, un hombre me ofreció unas llaves de un auto nuevo y caro, no se las acepté, porque esos regalos se pagan con la esclavitud sexual. Al día siguiente, recibía la casera regalos para mí, un álbum de fotos con las portadas de dibujitos infantiles, flores, fotografías del desfile de la coronación como reina de belleza mal tomadas y en varias ocasiones me dejaban fotos mías de ese día y las últimas cortadas en dos que aún las conservo. Era una chica popular, no sospeché nada, estaba siendo vigilada por un enfermo por así decirlo. Estuve dos meses, o tal vez más, secuestrada, él viajaba mucho y no tenía diálogo fluido. Pablo era de temperamento cambiante, se esforzaba para tener una buena relación, pero a mí me daba mucho asco, sentía su energía negativa, y no le hablaba a pesar de que soy muy conversadora; varias veces me invitó a dar paseos en su avioneta, comprarme cosas, siempre le contestaba que no estaba en venta, y que nada en este mundo compra mi voluntad, pues no le gustaba el desaire, y me tenía como un adorno. Hugo también desaparecía, quedaba encerrada y solo venía la señora de la limpieza, que no me hablaba casi nada.

Reflexión. Yo me pregunto siempre: «¿Por qué, por qué las personas me lastiman tanto? ¿Acaso soy la culpable de la mente retorcida de los hombres? ¿Por qué la infidelidad y el egoísmo machista tienen que arruinarlo todo? ¿Por qué la negación de reconocer que hicieron mal y ante la impotencia de demostrar una falsa verdad, aplican la violencia? ¿Por qué no pueden entender que las mujeres somos personas que sufren? ¿Por qué les cuesta ser sinceros y claros? ¿No es más fácil una explicación y resolver amigablemente las cosas?». Siempre lo mismo para mí se repite. «No sé por qué soy así, pero no te doy la libertad para que seas feliz». Esa es la respuesta facilista que escucho siempre. Este es mi círculo de la vida sufrir, recuperarme y seguir sobreviviendo con una carga en la espalda que crece su peso a través de los años. Ni hablar de los hombres con poder de creer que lo compran todo con dinero, particularmente no es aceptable para mí, no sé si está bien o mal, podrían decir que soy orgullosa, no sé cuál es la palabra correcta, solo sé que no lo acepto. Yo elijo.

A la calle otra vez, don Tafur había echado a Hugo de la empresa, así que no tenía trabajo, le pedí a mi amigo Iván si me podía ayudar. Hablo con sus padres, pero no sé por qué le dijo que éramos hermanos, tenían una habitación en el patio al lado de un baño con la puerta rota, así que nos mudamos allí en Chorrillos. En la casa vivían sus padres, su hermano, la hermanita de cinco años y la empleada doméstica, era joven y tenían relaciones con Iván, haragana y celosa. El padre estaba poco porque era militar de la Marina.

CHIQUITICOSAS, PROGRAMA EN TELEVISIÓN INFANTIL CON LA CONDUCTORA MIRTHA

El director del grupo de teatro Origami, en el cual yo participaba como actriz principal en la obra *Blancanieves*, consiguió que realizáramos capítulos por televisión, partes de *Blancanieves* en el bosque. Elegía más la parte de canciones, otros libretos cortos como Pinocho, coreografías de bailes, etc. Yo dibujaba las escenografías, trabajábamos con cámara azul, implementamos, la obra de *Blancanieves* en capítulos; comenzamos con dos semanales y los ampliamos de lunes a viernes, tenía muy buena aceptación del público. Tengo muchas anécdotas que contar, pero relataré una: estaba en el escenario, Malvarrosa tratando mal a *Blancanieves*, y un niño subió al escenario enojado y con la espada de juguete de He-Man sosteniéndola fuertemente con su mano, dijo: «Yo te defenderé, vamos a mi casa, nosotros te cuidaremos», y su padre por detrás. Dado que soy muy buena improvisando lo ingresé en la obra para que comprendiera que Malvarrosa era buena y estaba equivocada.

Comencé a crear mi propio grupo de teatro llamado San Telmo. Montamos la obra llamada *Una hormiga diferente* y fue producida y escrita por mí, registrada en derechos de autor. En el Teatro Cocolido, era divertida, las funciones eran a taquilla completas, pasábamos la gorra y con ese dinero nos manteníamos. Estuvo en cartera un año y como el teatro era pequeño, la gente se sentaba en el suelo ocupando parte del escenario. Dos de los actores eran marido y mujer, conflictivos, así que se desarmó el grupo.

Me llegó una invitación como directora de teatro para participar en un Seminario Laboratorio Auspiciado por la Comisión Fullbright, dirigida por Pamela Ritch, catedrática de la Universidad Estatal de Illinois, Estados Unidos, con la colaboración del Instituto Cultural Peruano Norteamericano, culminamos con una puesta en escena. El seminario se dividía en dos grupos, teatro para niños y creatividad dramática con niños especiales.

Las obras en las que trabajé fueron *TITO Y EL CAIMÁN*, como Vero; *EL TORITO DE LA PIEL BRILLANTE*, como vaca; *CLARA*, como muñeca y asistente en la producción ejecutiva.

Había un camarógrafo que en las grabaciones me molestaba, hasta que Mirtha lo pilló, se enojó y le llamó a atención. Al tiempo este se disculpó y me dio una tarjeta para que fuera a una productora para la que él trabajaba. Fui y la recepcionista, me dijo que tenía que grabar una publicidad de una tarjeta de crédito para el Banco Popular del Perú, yo no había ido preparada para eso, así que se sacó la camisa blanca y una chaqueta azul, como era más que nada la parte de arriba la que tenían que filmar me vino al pelo; estaba asustada, me costaba sonreír, pero lo logré, al salir me que me dijo esperara, me dio un cheque al cobro por mil soles. Estaba feliz. Era la cara visible del Banco Popular, en la tele y afiches. Seguí grabando con Lotería Huancayo. Me acuerdo de la escena, hacía de mamá preparando la cena y reclamaba a mi esposo que necesitaba una heladera, una cocina, la fregadora y un televisor, entonces él decía: «¡La solución Lotería Huancayo!», ja, ja, ja. También para otra marca Sibarita y otras más, me encantaba hacer publicidad televisiva. Ya era muy popular, pero no cambié absolutamente nada; llevaba misma ropa, nada de diversión, solo ahorrar y ahorrar. Esta empresa hacía documentales, los vendían y otros me llevaron a muchos lugares. Me encargaba de hablar con lugareños, para que nos contaran las historias de cada lugar que elegíamos. El grupo me hacían bromas, su mascota de la suerte, eran muy respetuosos y compañeros. Lamentablemente por falta de tiempo no pude mirar ni las publicidades ni *Chiquiticosas*.

Comenzamos con las giras con la conductora Mirtha Patiño, el espectáculo que más me impresionó fue en el norte de Perú en un estadio. Había gente acampando varios días incluso de diferentes países limítrofes, no tenía ni idea de lo conocida que era como *Blancanieves*, tampoco Mirtha me dijo qué tenía que hacer, ella habló y nos presentó, salí sola, me paré en medio del escenario y me impactó ver tanta gente. Por suerte comencé con un monólogo; cante y él director, envió a los enanitos a empujones bailando una coreografía y comenzó el *show*. Con la obra de *Blancanieves* también tuvimos que hacer giras, como en Arequipa y Trujillo, siempre con teatros llenos, y otros lugares que ni recuerdo. También tuve que ir a pueblos de la alta montaña, este lugar me impresionó, actuamos improvisando en un comedor, los niños no conocían ni los globos, no tenían televisión, así que me tomé el tiempo de sentarnos en el patio y jugar con ellos; me tocaban de una manera especial, acariciaban el vestido, son experiencias difíciles de contar. Publicaban comentarios y fotos de *Blancanieves* en los periódicos.

Fin de *Blancanieves*. Después de tres años, el director terminó la obra, no me contrató, para la siguiente producción, *Hansel y Gretel*, tenía un compromiso con la periodista que publicaba nuestro trabajo, que fue la protagonista como Gretel y Malvarrosa siguió como la bruja. Lo que me molestó fue que no me ofreció ningún trabajo, ni como arbolito del bosque; tiempo más tarde me llamó, no le iba bien con la nueva obra, para poner en escena otra vez *Blancanieves* en el Teatro de Miraflores La Gata Caliente. No acepté, dejé también *CHIQUITICOSAS*, el grupo, no participaban más en el programa de Mirtha. Creo que el director subestimó mi trabajo, no era solo de actriz, sino diseñadora, creadora de la escenografía virtual teniendo que pintar cuadro por cuadro en acuarela y cartón A3, editar en salón azul, además, ayudaba a mi Mirtha con ideas nuevas para mantener el *rating* televisivo, sin cobrar un solo peso. Ella siguió con el programa que decayó y se retiró.

MARCAHUASI (HUAROCHIRÍ)

Tenía una amiga que se llamaba Charol, vivía con su hermano, que era periodista; y lo mataron 1983 en la masacre de Ayacucho. Hablábamos de los misterios de Marcahuasi, decidimos ir, ella salió un día antes con unos amigos y con Hugo. Por mi trabajo, fui sola en el *dale, dale,* tomé otro micro, llegué a un último pueblito antes de San Pedro de Casta, en este bus subió un hombre que se sentó a lado mío, comenzó hablar, estaba muy nervioso y perseguido. Como un loco, relató que tuvo que llevar a su familia a vivir en ese pueblito porque él había matado a unos periodistas; era un militar que cumplió órdenes, estaba atormentado y no podía dormir. Según su relato, yo no conocía los detalles de la masacre de Ayacucho, además, había personas en el bus y él hablaba como si estuviera solo. llegué de noche como a las diez. Me ofreció ir a su casa, me arriesgué, quería enterarme sobre lo que le pasó al hermano de Charo. Fui, no tenía miedo, era cerquita un pasillo en subida, una casita color celeste, pequeña, estaba la señora con sus dos pequeños niños, cenamos Y dormí en el sillón. A las cinco de la mañana nos reunimos con Hugo, Charo y otros en la plaza, no tuve el valor de contarle nada, una camioneta viejita nos llevó hasta en el lugar que alquilaban mulas. La calle era de tierra, íbamos nosotros en la caja de la camioneta, cruzamos un embalse, inmediatamente comencé a tener visiones, sentía como que me hablaban, me decían que fuera a las siete piedras, recibía una imagen de ese lugar; eran siete piedras altas con las puntas redondeadas, con la forma de la garganta de un sapo mirando hacia arriba, formando un semicírculo, como una pista de aterrizaje de helicópteros, me comunicaban que a la noche en el cielo del lado de los precipicios cruzando el anfiteatro habría danza de naves. Dibujé en un papel A4 a lápiz el lugar que me aparecía en mente guiándome como para ir pasando las rocas talladas como la de los sapos vigilantes, el mochilero, la mujer embarazada. Llegamos a los ranchos que habitaban los lugareños, mientras se preparaban las mulas, yo me fui a hablar con unos lugareños, había un anciano que era el jefe de los Huaro, me regaló un sombrero, de sus antepasados, era un honor para mí, no sé por qué se desprendió de algo valioso sentimentalmente; el sombrero negro de felpina estaba muy gastado por el tiempo y ya se desprendía un poquito el ala (lo usé hasta en el Hotel Sheraton, mis amigas me decían «Sácate ese sombrero viejo»).

Había periodistas y mucha gente que subía, era un día especial que se va una vez al año por los avistamientos de los famosos ovnis que se presentan en esa fecha. Subir fue duro, un poco cansado, estaba muy empinado, con la mochila, no me apuné, pero otros vomitaban, se cansaban. Llegamos al anfiteatro de mediodía, Hugo armó la carpa, luego fuimos al precipicio de la curva bien al filo, extraordinario. Ni bien llegué vi tallado en la montaña que formaban un semicírculo que daba al precipicio, unas esculturas de piedra como talladas de gran tamaño, ahí yacían una niña con trenzas, un joven, una señora con trenzas, un señor, todos de rasgos indios. Las piedras talladas en el precipicio iban envejeciendo a medida que el sol se ocultaba hasta que se hicieron viejos. En el renegrido cielo y el esplendor de los miles de estrellas se confundían con las luces de los siete ovnis que rápidamente se acercaban con un espectacular desfile acrobático acercándose a nosotros, asombrando a los más de setecientos espectadores, sembrando un silencio absoluto, los ovnis se desvanecieron en la profundidad del cielo en un segundo. No participé en los fogones y me fui a dormir. Al otro día, a la mañana temprano, con mi sombrero puesto, no llevaba ni agua, comida, nos reunimos con el guía y comenzamos la expedición en fila india, primero subiendo un poquito estaban dos sapos de piedra de unos dos metros de altura, que eran los custodios, por lo menos yo los veía a así, me parecía un cementerio de esculturas con diferentes formas de animales. En una piedra muy grande se dibujaba una señora embarazada acostada en el suelo, con su cabeza más levantada, las focas, las esfinges, el mochilero, muchas imágenes que parecían talladas rústicamente, nos dirigimos rumbo a las ruinas del convento, a la mitad del camino, quedamos rezagados. Éramos dos chicos, dos chicas y yo, estaban cansados y se sentaron. El grupo se alejó, comenzamos a caminar fuera del sendero hacia los precipicios, encontramos una cueva, era como una montañita con una entrada de no más de tres metros de ancho, tapada con pastos altos secos, ingresó uno de los chicos y sacó jugando un hueso, ingresé y eran como estanterías de piedra con huesos humanos y otros en el suelo, pero les dije que no lo tocaran, que era un cementerio antiguo. Seguimos caminando y me caí en un pozo, primero me asusté, pero después se veían filtraciones de luz, era una habitación que se comunicaba a otras; bajó uno de los chicos, seguimos recorriendo esas habitaciones, cuarto por cuatro, paredes de piedras superpuestas, así como tres habitaciones en línea que se comunicaban con una abertura tipo puerta hasta un derrumbe. Fue difícil salir, no conocíamos la historia, supusimos que era una ciudad de los antiguos pobladores indígenas, que le cayó un huaico y quedó sepultada. Seguimos caminando tratando de buscar el sendero al templo, no sé si en broma se fueron, quedé sola, se escuchaban pasos, comencé a caminar al revés hacia el precipicio, me seguía muy cerca algo, podía escuchar la respiración como la de un burro, pero me daba vuelta y no había nada. Justo cuando giré mi cabeza, me choqué con unos pastizales altos, al dar un paso quedé en el aire y sentí una respiración fuerte que me sujetaba como mordiendo mi suéter por la parte de la espalda y me tiraba hacia atrás. Casi me caigo al abismo, pero me salvó el burro invisible; seguí caminando con el animal por detrás, con la respiración en la oreja, y llegué a un lugar que era una casita vacía, rodeada de un muro de sesenta centímetros de alto con piedras encimadas, una entrada de arco, enredadas de rosas rojas, todas florecidas, el patio reverdecido, como cortado por una podadora, alrededor sombreaba el pedregullo pintado de algunos pastos secos, me quede sentada en el muro, descansando un rato con el burro al lado, ja, ja, ja… Me fui, perdida, ¡pero sin el burro!, hasta una pequeña laguna, había personas del lugar situadas en el extremo, me senté entre las piedras, estaban haciendo algún tipo de rito, un sacrificio, vi a una niña de siete años, sentí miedo y sin que me vieran, me fui.

CONTACTO CON LOS EXTRATERRESTRES, MAL DICHO PORQUE SON TERRESTRES DE OTRA GALAXIA

Una voz dentro de mi cerebro me indicaba un camino, lo seguí, encontré los sietes piedras de unos cuatro metros con la forma de la garganta de un sapo haciendo un semicírculo, la última piedra era más pequeña y más baja, pero no mucho. Dentro del círculo había una nave de forma redonda color plata suspendida del suelo con una escalerita, en mi mente me decían que me acercara que no me iban a hacer daño; eran jóvenes, dos varones y una mujer, altos como dos metros y delgados con un cuerpo perfecto con mamelucos ajustados al cuerpo de color plata. Ella tenía cabello negro atado, eran iguales a nosotros, aunque la chica era un poco más baja. Me estaban esperando, tuvimos una linda charla, hablamos sobre las gigantes piedras talladas, la extracción de unos minerales que se llevan para la construcción de sus naves, para soporta el choque con el agujero negro, muchas veces mueren. Hablamos sobre la materia, el oxígeno, las partículas, para explicarme cómo se gravita, según ellos, así esculpieron estas piedras, comentaron otras, en la isla de Pascua en Chile. Mientras hablábamos, ellos estaban a cuarenta centímetros del suelo, les pregunté por qué no se hacían públicos, ellos respondieron que el hombre es muy destructivo, que todavía no estábamos preparados, así que subí a su nave, me hablaban, pero no con sonido de palabras, sino con la mente, telepatía. Tenían una pantalla muy grande como las de ahora finitas, tipo *leed*, me mostraron cómo se inició la Tierra, la explosión del *big bang*, cómo comenzó la vida en el planeta en el Amazonas. Una ola gigante ingresó por el Amazonas, los peces se adaptaron y mutaron, les crecieron dos patas y salieron a caminar por la costa. Yo no soy habida en estos temas, ellos dicen que la Tierra es el planeta más viejo habitado, ellos mostraban coordenadas, galaxias, orientándome por donde ellos estaban; decían que ellos eran terrícolas como nosotros, al chocar la Tierra se rompió en varios pedazos, ellos quedaron en uno más pequeño que nuestra Tierra, por el choque la onda los alejó de nosotros a otra galaxia pasando de Orión. Para venir a nuestra Tierra tardan horas luz con su nave cincuenta años, pasando por un agujero negro. Por la pantalla me mostraron cómo viven en su planeta, sus casas son edificios con mucho vidrio, tienen unos autitos que no pisan el suelo, aprovechan los recursos que les da el sol, a pesar de que sus días tienen seis horas de luz, este sistema lo usan para todo lo que funciona con energía, se estacionan en sus balcones, cuidan mucho la naturaleza, el suelo es como una gran alfombra verde, adornado con muchos árboles frutales, el sistema de gobierno es por una computadora, se asignan a cada persona tareas o profesiones, comen pastillas, que tienen la misma proteína que las comidas, ahí me mostraron el *MAPA GENÉTICO*, me explicaron que era muy importante porque se podían prevenir enfermedades, que sus nacimientos son programados, analizan los embriones y si tiene un defecto, lo corrigen a través del mapa genético, como las personas violentas, con enfermedades del cuerpo y de la mente, como la locura, como yo, ja, ja, ja... ¡A mí es obvio que no me curaron! Les pregunté por qué venían a la Tierra, contestaron que es porque están en guerra con otros terrestres, y evitan que destruyan el planeta Tierra. Me advirtieron que en un futuro atacarían la Tierra y la destruían, consumirían todo a su paso. Son de otro planeta perteneciente a la Tierra y sus ocupantes ingresaron a una galaxia en la que el aire es tóxico y se degeneró la raza; son agresivos, vienen a la Tierra en busca de alimentos, agua, ellos también usan minerales que sacan de nuestra tierra, los utilizan para hacer sus naves para que resista al paso de los pozos negros del universo. Ellos, los buenos, llevan plantas medicinales que hay en el Amazonas y en las islas del río Paraná y el Delta, que son miles las especies, y las usan también como alimentos. Tenían unas camas como tubos, que para dormir regulan el oxígeno, su dieta y el corrector genético hacen que retrase la vejez; otra máquina que tenían era como las de radiografía, pero tipo cabina telefónica, ahí me corrigieron el problema de la espalda, unas vertebras aplastadas, y un problema, de los ovarios, una reconstrucción a raíz de la violenta infancia, quedé como nueva; también ayudan a los habitantes de esos lugares a curar quebraduras y otras enfermedades. Hablamos mucho más de lo que les relato, como sobre la cura del cáncer, ellos dijeron que su mundo es pequeño, traen embriones, genéticamente genios a nuestro planeta, para que desarrollen la tecnología que ellos tienen. Esto del mapa genético y todo lo demás se lo conté a mi familia antes de que se descubriera, hoy existe todo lo que estoy contando. Muchas veces quise relatarlo a través de un libro, pero no tuve oportunidad, por la vida tan al límite que he llevado. Hoy también estoy al límite, asilada en un país extraño, sola, el tiempo libre me permite escribir.

Hablamos del sistema político, social, no existen los rangos laborales o estatus sociales, no existe el dinero, entre un universitario, con una persona que cuida y enseña a los niños, u otros trabajos, se preparan para venir a la Tierra solo una vez, y cuando regresan son ancianos y saben que van a morir. Yo quería irme con ellos, pero me dijeron que no, porque mi cuerpo no estaba preparado y que llegaría con más de setenta años de edad. Me fui de noche y me prometieron que antes de irse me iban a ver otra vez, que ellos sabían cómo encontrarme, y así fue que, en el año 2004, en mi casa de Argentina, una mañana de verano, Jorge en nuestra casa quinta en Zárate, zona rural, encontró la piscina sin agua, seca, comenzamos a buscar alguna rajadura, pero estaba impecable, pintada recientemente. Para desagotarla con dos bombas, tardamos dos días, una rotura era imposible; la llenamos otra vez, vigilamos durante el día el llenado con una bomba sumergible que se encontraba a una profundidad de treinta metros. El pozo estaba a noventa metros, a una cuenca de un río submarino, quedó funcionando de noche, y durante el nuevo día, nos fuimos a trabajar al comercio ubicado en la zona céntrica. A cincuenta metros antes de llegar se acercaron siete naves haciendo el mismo baile acrobático, estaba con mis dos hijos y mi esposo conducía el auto, era de nochecita, me dijeron telepáticamente que fueron a buscar semillas de hierbas medicinales a las islas de Zárate, que encontraron tres mil especies, que no los iba a ver más, que iban a venir otros, desaparecieron del cielo. Al día siguiente, por la mañana fuimos a la piscina y estaba vacía. Los nervios por una posible filtración, las discusiones, ja, ja, ja. «Vos, mamá, hiciste mal la pileta», volvimos a llenarla y nunca más desapareció el agua, hasta el día de hoy, seguimos usando la pileta, sin rajaduras —buen trabajo hice—. Estos avistamientos fueron publicados por los medios informativos. Hemos vistos con mi familia varias veces los mismos platos voladores.

Valle de la Luna - Perú

He recorrido pueblos encantadores, misteriosos, que yacen sobre las montañas, ya ni recuerdo sus nombres. Había uno muy pequeño, el Valle de la Luna, al Perú sobre la cordillera de los Andes, que estaba dividido por un río. Se veía como un hilo de agua de color plata, a ambos lados la montaña tranquila, azulada, enfrentadas por un enorme abismo. La luna se iba asomando como si estuviera jugando a las escondidas, hasta podía ver su cara sonreír, con su color brillante y destellos naranjas, dejados por el sol que se iba a descansar, hasta asomarse completamente. Parecía que se apoyaba en la montaña, para estar más cerca de nosotros. En el pueblo había una pequeña plaza, solo la luz de la luna iluminaba la única callecita de piedra. Rebotaba el agua del río en las piedras, como rayos cósmicos convirtiéndolas en plata. El misterio rondaba en el aire, enrarecido por el aliento de los ancestros, que acompañaban mis pasos, como sintiendo curiosidad por mi presencia. Un pueblo de gente mayor, una sola plaza, donde se reunían para actividades sociales, una callecita de ripio que costeaba al filo de la montaña, hasta el final donde se relucía un hermoso hotel moderno. Fui con un grupo de realizadores de documentales y yo como periodista, grabábamos de día y de noche salía sola a recorrer el pueblo y a hablar con sus vecinos; una noche de regreso al hotel por la calle arbolada, iluminada por la gigante luna, me persiguió una sombra con ropajes oscuros de más de dos metros de altura, se escondía en el follaje, ja, ja, ja, caminaba rapidito hacia el hotel. Pero la luna también me seguía, y se sonrojaba entre las montañas, ella me distraía. Llegué a la habitación sin cenar, estaba el comedor cerrado, y me dormí, mis compañeros se fueron temprano del lugar y me dejaron sola, por lo que tuve un gran susto porque no había ningún tipo de transporte. Al mediodía llegaron de filmar el amanecer los muy cabrones y se reían de mi susto, regresamos a Lima y editamos el pueblo de los viejos que viven más de ciento veinte años, pero no tienen registros de nacimientos, los jóvenes migran a las ciudades pobladas para una mejor vida.

FILMAMOS EL DOCUMENTAL *EL CANDELABRO PARACAS* Y *LAS LÍNEAS DE NAZCA* EN PERÚ

El candelabro mide ciento ochenta metros de largo y se calcula que tiene unos dos mil quinientos años. Su significado sigue siendo un misterio. Es un geoglifo famoso, ubicado en la costa norte la península de Paracas, en la provincia de Pisco, dentro del departamento de Ica, en Perú. Sus grandes dimensiones y su diseño sobre la arena permiten distinguir una relación con las líneas, geoglifo de Nazca y de pampas de Jumana. En la época en la que fui yo, no estaba bien cuidada la figura, muchos escribían su nombre. Hay un museo que estaban construyendo, habían desenterrado, recientemente unas momias, estaban intactas, una joven pariendo en cuclillas en un pozo, con su ropa y sus colores firmes, conservaba su piel, como si el tiempo no hubiese pasado; un niño, igual conservado, en cuclillas; diferentes piezas de cerámicas, telas, las cabezas más alargadas como los egipcios. En la punta del candelabro, estaban cavando, sacaron un cofre con espadas, cuchillos, de la época de los piratas, y no recuerdo qué más. El museo quedaba a unos pocos kilómetros del candelabro, en la camioneta fuimos al candelabro, seguimos caminando. Lo que más me asombró es el clima: de mis hombros hacia abajo, no había viento, no estaban presentes los agentes exógenos, se originan sobre la superficie terrestre y actúan sobre la misma, gastándola, puliéndola, deshaciéndola, modificando su aspecto, como las lluvias, el viento, el sol; significa nada más que el aire, fenómeno que no existe en el suelo, y así se conserva el candelabro que incluye nuestras pisadas. Hacía arriba tan solo pasando mis hombros mucho viento y la arena te pulía la cara. Me acerqué mucho, era un surco hecho en la arena, en partes no muy profundo, como si estuvieras en la playa haciendo un dibujo en la arena. El misterio es solo un factor climático, en ese lugar, era un fenómeno único de la naturaleza, la gente escribe su nombre y perdura si el guarda bosque no lo borra. Hay muchos tontos que arruinan una figura tan histórica. Solo por tierra podés apreciar la magnitud, de su importancia al sentir en tu piel el factor climático. Si vas por barco, verás solo líneas dibujadas en la arena, por eso tienes que sentir, el misterio, pues. Perú es el misterio mismo.

TRUJILLO, PERÚ

Viajé a Trujillo una ciudad al norte de Perú que limita con Ecuador, al Festival de Teatro Nacional e Internacional, era un compromiso que tuvimos que cumplir con la obra de teatro *Blancanieves*, con un grupo desordenado y sin escenografía, la cual tuve que improvisar. El teatro estaba muy concurrido, ganamos igual, conservo las portadas en primera plana de los periódicos locales. Terminada la gira, regresé a la casa de Iván donde vivíamos en Lima, chorrillos, con Hugo, a la noche; tuvimos una discusión que termino con una golpiza, con los ojos negros, y una relación forzada, por no decir otra cosa, de allí quedé embarazada de mi hija mayor. Intervino la madre de Iván y tuvimos que irnos a la calle. Para ese entonces tenía una amiga que era directora de un jardín de infantes, su amiga tenía desocupado un cuarto en la terraza, y nos mudamos allí. Hugo comenzó a salir con la directora, Claudia, yo me quería separar ya desde hace tiempo, pero no me dejaba, y por eso eran las discusiones. Me habían invitado a la premier por haber participado en la película *Misión en los Andes,* protagonizada por Erik Estrada. Me vestía para la gala los diseñadores la marca *Mi sueño,* fui le mostré la cara y comprendió que no podría asistir. Me dolió mucho no ir a la alfombra roja, así que me acerqué y miré desde una esquina. Hugo no trabajaba, no escondían delante de mí, sus relaciones amorosas; tenía como tres meses de embarazo, me quise ir y me golpeó tanto que tuve traumatismos en ambas piernas, casi no podía caminar, y también tenía un golpe en la cabeza, me daba patadas y patadas en la panza como queriéndose deshacer de mi hija. En el suelo estando las chicas presentes, no me lo podían sacar. A la calle nuevamente, fui a un hotel sola y él se fue con Claudia, que estaba también embarazada y tuvo un hijo varón. Estuve tres días en el hotel y me fui a Arequipa para ver si podía trabajar en un grupo de teatro llamado Arlequín que conocía.

AREQUIPA, 1988

Una ciudad fresca, un retrato de acuarelas, dueña del silencio y de la paz, tan tranquila ella, que se olvida del tiempo y se pinta sola, sus casas despreocupadas y los paisajes coloridos son sus personajes principales, custodiadas por las altas montañas y el volcán Misti, celoso, la mira de noche y ella desparramada en el valle, vestida de lentejuelas color oro, que, encandilada con su brillo, le guiña un ojo.

No pude trabajar en el teatro, pero conocí a un personaje, un artista en la creación de muñecos, un titiritero, genial como artista y persona, vivía solo con sus muñecos y daba clases en la universidad. Yo no podía sostenerme de pie, él me cuidó, hasta que pude caminar, vivía en un piso que no tenía ni cocina ni baño, así que era incómodo para los dos. Me presentó a un pintor, un acuarelista, tenía espacio en su casa, me alojé allí, hizo un retrato mío con el sombrero, todavía lo usaba, expuso estas pinturas en el consulado francés de Arequipa, junto con otra pintura un semidesnudo, dos acuarelas preciosas. Un artista plástico, un maestro, ahora pertenece a los históricos famosos de Arequipa. Pablo Núñez Ureta, pintor descendiente de los Ureta.

Iba a dejar el tema de Arequipa por los celos de mi actual pareja, pero no, si estas son mis letras, mi libertad de expresarme, tal cual fue mi vida, ese es el objetivo. ¿Por qué seguir sometida, hasta el punto de esconder mi vida?, la violencia no es solo física, sino psicológica; tengo y debo liberarme, poner el límite yo, no que me limiten, nadie tiene derecho a limitarte, a vivir sumisa, para que el otro no se moleste, ya no puedo poner la otra mejilla, porque está negra de tantos golpes, no puedo vivir con el ceño fruncido porque tengo que ser lo que el otro quiere. Hoy en este libro soy yo. En Arequipa conocí a Pablo como dije excelente pintor, tratamos de ser pareja, organizar el futuro de criar al bebé, pero no funcionó, tomaba alcohol y de noche se iba al bar con las prostitutas, entonces dormía hasta tarde. Teníamos una exposición a la que asistir en el Consulado francés en su honor por la presentación de sus nuevos cuadros, se hizo muy tarde, quise levantarlo y se enojó mucho, me azotó con una toalla mojada, no soporté más que se repitiera la misma historia. Su ira realmente era porque se había enterado de que Hugo estaba preguntando por mí en la plaza del pueblo y me había localizado, ese fue el motivo que lo enfureció, así que se embriagó. Decidí regresar a Argentina, era muy difícil que Hugo me dejara, siempre se las ingeniaba y me encontraba; las violencias físicas, los ojos negros, no lo soportaba más. Me sentí responsable, de haberlo sometido de alguna manera de cambiar su vida, sentí la obligación de regresarlo a su casa. Si no me hubiese conocido, él estaría con su padre, cómodo y tranquilo. Tomé el micro a Tacna junto con Hugo con escaso dinero, le había prestado a Pablo casi todos mis ahorros.

CHILE
Control Fronterizo Perú - Chile - Tacna en tren hasta Arica

En Arica fuimos al refugio Despertador Cristiano dividido en un sector mujeres y a una cuadra de distancia para hombres. Tomamos un micro a Iquique, pasamos el Valle de la Luna, que es verdaderamente lunático, sí…, ja, ja, ja. Acampamos de noche cerca de un muelle, los militares nos pidieron que nos fuéramos, porque estaba prohibido acampar, entonces armamos rancho en la playa, no teníamos para comer, así que revisábamos las parrillas, algo encontrábamos, como carbón para el fueguito de noche, algunas monedas o comida que nos daban. Estuvimos como dos días, había dentro del mar como una piscina de corales, cerrada y profunda el agua entraba y salía, daban ganas de tirarse un chapuzón. Partimos temprano, queríamos cruzar la cordillera de los Andes por el paso fronterizo Socompa, que limita con Argentina, estábamos vestidos de verano, yo tenía un vestido rojo, manga corta, y una camperita y, como siempre, mi mochila; no hacía frío cerca del mar, caminamos, y sin darnos cuenta pasamos por un destacamento de los carabineros, pero seguimos caminando, se veían las montañas teñidas de blanco, poco a poco las carreteras también. Cada vez nos hundíamos más en la nieve, pero nuestra terquedad era más fuerte que nosotros y seguimos, no teníamos diálogo el uno con el otro. Ya no me sorprendía la frialdad de Hugo, ni siquiera le importaba la salud del bebé, tenía tantos problemas que parecía que iba a nacer, y muchas pérdidas, sostenía la panza con mis brazos ante largas caminatas mientras cargaba la mochila en la espalda. El compañerismo se había convertido en silencio, la indiferencia predominaba ante un camino de regreso vacío. Parecía fácil cruzar la cordillera, hasta que la nieve nos fue enterrando, casi hasta la cintura, pero seguíamos igual, no me importaba nada, la panza de los siete meses me pesaba y la abrazaba para no perderla, tiritábamos de frío y después ya no sentía nada. Me desperté en el puesto de los carabineros, me dieron sopa caliente, estaba envuelta en mantas, se preocuparon por nosotros, hablaron al Consulado, pero como no tuvieron respuesta, el municipio nos consiguió pasajes de bus hasta Mendoza. Antes de cruzar la frontera hay un parador, bajamos para ir al baño y era un piso de hielo, patine hasta estamparme con la amplia puerta vidriada del salón. Luego, partimos, pero era complicado cruzar, tuvimos que hacer una cola de espera, el autobús avanzaba a paso de hombre, miraba hacia los costados y era una pared de nieve, lamentablemente no pudimos hacer un recorrido turístico por nuestra espantosa situación. Llegamos a Mendoza y no teníamos dinero para llegar a Buenos Aires, así que Hugo vendió las alianzas, menos el cintillo, compramos los pasajes, para ir en tren a Retiro, y allí el tren a Zárate.

ARGENTINA

Fuimos directamente a la casa del padre de Hugo, que vivía con su señora que era muy amable, inmediatamente comenzaron los conflictos; le cuestionaba su relación, el padre estaba contento de tener una futura nieta, Hugo recibía cartas de su Eliana, que estaba embarazada, su padre me las dejaba abiertas arriba de la mesa de la cocina, no me molestaba porque él tendría su propia vida y tenía planeado vivir con ella; tiempo después tuvo un varón. Siempre supe que tendría yo una nena y la llamaríamos Lucía, el nombre de su abuela paterna, y para mí por la palabra luz, para que ilumine mi vida. Fue un embarazo muy complicado, tenía que aplicarme inyecciones para que siguiera creciendo en la panza el mayor tiempo posible. Como había cumplido mi objetivo, entregar a Hugo a su padre, me marché a la casa de mi madre. Ella estaba contenta se había terminado la relación con Hugo y quería criar a Lu sola, quería inscribirla con mi apellido solamente; mi madre también me acompañaba a la doctora. Porque Lu quería nacer y tenía que hacer reposo; estábamos entretenidas preparando la ropa, tejimos muchos ajuares amarillos y rosas. Llegó una carta de Pablo, que decía que había terminado la pintura y me envió una foto de la acuarela, me dijo que viajaría a Buenos Aires y que deseaba verme, pero la carta se me entregó abierta, la había recibido mi hermana, junto a la que siempre me sentí mal, porque no tenía derecho a invadir mi privacidad. Se la mostró a mi madre, pero ella tuvo siempre una mente abierta y respetó nuestras decisiones. Mi hermana no se conformó, así que empezó a exigir que yo no podía tener un bebé y ser madre soltera, un hijo sin padre, decía que debía casarme; llegó a tal punto que no podía vivir allí, sacó ella el turno al registro sin consultarnos, fui de mala gana, en bicicleta, ella fue testigo junto con mi madre y nos casamos, fue el error más grande de mi vida. Otra vez me sometí, tendría que haber discutido con ella y vencer su poder autoritario, que pesaba sobre las decisiones de la familia; ella mandaba, fue mi ruina y el sufrimiento de mi pequeña hija.

Paro aquí mi relato y vuelvo a insistir en el hecho de no prejuzgar. Sin conocer mis vivencias, la relación tóxica que tenía con Hugo, se equivocó, tal vez lo hizo sin saber que nos hacía un mal irreparable, ella creía que sus ideales eran perfectos.

EL NACIMIENTO DE LU, 12 DE MARZO 1988 - CHARLA CON JESÚS

Mi madre se preocupaba porque el parto no ocurría, habían pasado los nueve meses y no tenía contracciones. Me dijo que le contara a la partera que no sentía al bebé; las medidas del bebé eran pequeñas, según la médica, pero el pulso era muy débil, casi no se escuchaba su corazoncito. Llamó al cirujano para que hiciera una cesárea de urgencia, me pusieron la anestesia, con la inyección en la columna, pero el parto se complicó. Lu tenía encajada su cabeza entre mis costillas, no podían rotarla, no respiraba, mi madre presintió que algo mal andaba y llamó a mi primo médico cardiólogo, muy grandote él. El doctor le decía a mi primo que la empujara, yo sufría mucho, hasta que lograron sacarla; tenía un color azul y no respiraba, yo tuve un paro cardiorrespiratorio, mientras el cirujano me cosía, mi primo hacía reanimación con sus manos, yo me había ido volando y dejado mi cuerpo en la camilla, escuchando las palabrotas de mi primo desesperado por regresarme, decía: «Conchuda, tenés una hija conchuda como vos». El doctor insistía con desesperación, le decía: «Déjala, ya está». Yo me fui traspasando la pared viendo cómo tenían a Lucía de los piecitos, dormida, y comencé a alejarme por un camino de árboles en los costados, acercándome rápidamente a las nubes; estaba Jesús, hablé con él y le hice varias preguntas, como el tener un hijo sin casarse, sobre el divorcio, el egoísmo de la Iglesia católica, sobre muchos por qué, y la respuesta fue: «Las cosas de la Tierra son del hombre, le pertenecen al hombre, y las del cielo, a Dios». Le pedí que me dejara estar con él y me dijo que no, que tenía cosas que hacer en la Tierra todavía más importantes. Regresé a la habitación de cirugía, estaban mi mamá, y mi primo le preguntó cómo se llamaba la niña y dijo Lucía. Al terminar el nombre ingresé en mi cuerpo y me desperté, preguntándole por qué me insultaba tanto, se rio y me dijo: «Gorda, aguanta que ya terminamos». Me siguieron cosiendo sin anestesia, sentí cada puntada con mucho dolor, estuve mucho tiempo enojada porque Jesús me dejó vivir.

En la habitación me trajeron a Lu, despierta, me la pusieron en los brazos, y me miró diciéndome: «Eres mi mamá». Sentí algo muy intenso, una mirada que hablaba, fue muy especial, mi Lu, mi cielo, mi sol, mi vida. Era muy pequeña, la ropa y los pañales eran inmensos; era cachetona, le escribí muchas canciones y cuentos, ella me inspiraba.

LUCÍA (CANCIÓN DE CUNA)

La niña Lucía está enojada
Porque tiene hambre,
Porque tiene sueño.
El hada le canta
La almohada la llama
La madre prepara
La leche caliente.
El padre la hamaca
La pava rezonga.
La niña Lucía reclama
La leche caliente,
El dulce chupete
Se hace presente
Hasta que viene
La leche caliente.

Regresé a casa con mi hija y mi madre. Ya se había instalado Hugo otra vez. ¿Quién le sacaba el derecho?, si estaba casado y tenía el poder que le habían otorgado mi hermana y la ley. Comencé a buscar trabajo, encontré en algo que se llamaba Radio Norte, un sistema de vip que pasaba un mensaje a personas en caso de emergencias como médicos, empresarios. No existía el celular, existía el Bip Móvil. Los fines de semana, con mi padre, íbamos a trabajar haciendo los cimientos en una parcela de campo para tomar posesión veinteañal. Comencé a hacer un cuarto, mientras Hugo se dedicaba a escuchar música y a no hacer nada, tenía que cuidar la nena, pero no le cambiaba ni los pañales, y ella lloraba de hambre, así que mi mamá tenía que cuidarla. Él tenía un humor terrible, intratable, me dijo mi madre que un día Lu lloraba, que estaba en la cama y la tiró contra la pared, él sufría de fuertes dolores de cabeza, golpeaba con sus puños las paredes o daba golpes con la cabeza. Yo trabajaba en el turno de la noche, como iba en bicicleta, me vestía de varón para que no me asalten, ya me había ocurrido varias veces. Tomaba horas extra dado que mi relevo siempre faltaba o llegaba tarde, ahorrando para la construcción de mi propio techo. Lu crecía, y la abuela le había comprado una bañera rosa; tenía un gato, cuando se acercaba él, lo agarraba de la cola, y lo metía en la bañera, el gato gritaba, la rasguñaba y ella se enojaba, así que le hice una canción.

MI GATITO

A mí me gusta jugar con mi gatito
Aunque a veces se enoja y me rasguña
Porque soy muy chiquitita él no me asusta.
A mí me gusta jugar con mi gatito
Cuando él se acerca a mí
Yo lo agarro de la cola
Se me escapa de las manos

Y le tiro los bigotes.
¡Eso sí que no le gusta!
Ayer descubrí que tiene orejas
Y una pulga que se aleja.
Lo que más me gusta a mí
Son sus ojos y su nariz.
Aunque a veces se enoja y me rasguña
A mí me gusta jugar con mi gatito.

Los días festivos, levantaba las paredes de mi casita, estaba a unos cien metros. No tenía agua, la llevaba en baldes con la carretilla, y cuando llegaba quedaba poca agua. Hice los cimientos juntando piedras de la vía, planté las columnas, encofré con un tablón de mi padre, las rellené, me robaron el tablón, era un poco novata; levanté una pared sin anclar a la columna, no tenía madera para encofrar, entonces levanté dos metros de altura y se cayó la pared por un fuerte viento. Comencé a limpiar los ladrillos, decidí dar vuelta completa, a cierta altura encastraba con la columna y la rellenaba, acarrear, en la carretilla la bolsa de cemento las herramientas y el agua, así que avanzaba poco. Terminaba de madrugada muy cansada, Hugo nunca me ayudó ni siquiera se acercó al lugar. Con mi pequeño sueldo mantenía a mi hija, a él y construía mi casita; un día lo puse a prueba, fuimos a comprar unas zapatillas para la niña, él comenzó a elegir una de marca cara para él, pidió otro par y me dijo: «Me gustan las dos», y se compró los dos pares, me dejó sin dinero ni para la leche de la nena, así era de egoísta. Seguía violento, tanto que mi mamá, para sacármelo de encima, teniendo yo la criatura en brazos lo agarró a escobazos y lo echó, pero regresaba; mis hermanos se agarraban a trompadas. Y había perturbado la paz de la casa de mis padres. Como tenía turno noche, de día trataba de avanzar con la construcción, pero era muy poquito lo que podía comprar, entonces comencé a hacer dos turnos noche y mañana.

JORGE, MI PAREJA DE TREINTA Y CINCO AÑOS, MI UNIVERSO, Y MIS DOS GALAXIAS, LU Y FRAN

Así fue que conocí a mi amante, novio, pareja, concubino, compañero, un gran mujeriego, Jorgito, un operador del hospital que trabajaba en emergencias sanitarias. Salía con una compañera de trabajo, Jorge se jactaba de que tenía una linda voz, sí, realmente una hermosa voz; muy engreído el señor, joven, de unos veintinueve años, buen manejo del lenguaje. Teníamos prohibido dar nuestros nombres nos llamábamos operadoras uno, dos y yo tres, y un día me dijo: «Marta es la operadora uno, Cristina es la operadora dos y vos sos la operadora…», se me escapó y le dije Marcel. Comenzamos a tener largas charlas nocturnas por teléfono; se fueron profundizando, pero sobre nuestras familias, problemas, éramos amigos por teléfono, él quería conocerme, yo no, además, estaba casado, con cuatro hijos, hablaba en doble sentido, con un humor increíble, me contaba los ruidos, cosas extrañas que pasaban de noche en el hospital, las bromas que le hacían a las doctoras, cómo pasaban los fines de años en la guardia. Había hiperactividad, tenía colgado un almanaque, las páginas se pasaban una a una, se escuchaban caminar con zapatos de tacos, llegaban a su oficina, movía el picaporte, abría la puerta y no había nadie, otro día un pinchapapeles voló hacia su cabeza, una silla color bordó que estaba contra la pared vibraba sola se movía hasta llegar a la puerta y regresaba, el catre donde descansaba también. Decía que podía leer lo que yo escribía, y fue así escribí una poesía, por teléfono recitaba su contenido, yo pensaba y miraba si había alguna cámara escondida. Un día el dueño de la firma un peruano, me dijo que de nochecita tipo ocho, iban a venir a dejar un sobre con un pago, en ese horario, tocaron el timbre y recibí el sobre, de un señor alto, grande, musculoso y feo, remera blanca mal lavada, pantalón de vaquero gastado y zapatillas viejitas, recibí el sobre, era A4 color madera, me llamó la atención, tenía pegado cinta adhesiva blanca como la que usan el hospital. Lo miré a trasluz, estaba vacío, menos mal que no lo arrojé bajo la puerta de mi jefe, me habría acusado de robarle el dinero. Al rato llamó y refirió que era una broma para conocerme, que no era linda, muy flaca, pantalón sin culo, así me dijo, muy engreído el hombre. Después me esperaba a la salida del trabajo y me acompañaba hasta cerca de mi casa, pasaba mucho frío. Dejé de ir a trabajar, para evitar una relación seria, pero se apareció en mi casa y lo atendió mi padre, le dijo que éramos compañeros de trabajo y que quería hablar conmigo, el muy cara dura. Jorge siempre fue muy seductor, no se daba por vencido, muy capricorniano, siempre quería ganar, así tomó la vida él. Recuerdo que venía a buscarme con un auto Opel, se desarmaba la rueda, lo levantaba solo, tenía una fuerza increíble yo le acomodaba la rueda, soltaba el auto, ajustaba y hasta la próxima salida, ja, ja, ja, todo un caso. La primera vez que nos vimos en la guardia del hospital, fui consciente de que iba a suicidarme mentalmente, psicológicamente, a romper con todos mis principios, a poner la cara para que la estampe contra la pared, sabía quién y cómo era, conocía su mente, sus deseos, tratar a una mujer como un objeto, «Se usa y se tira». Sí, me arrepentí; sí, hasta los huesos, pasé mi límite.

Comenzamos a trabajar en el mismo lugar, reemplazando al turno doble que yo hacía. Él tenía muchos problemas económicos, me había conmovido por el cumpleaños de sus niñas, no tenía dinero para una simple fiestitas, así que le presté dinero y compró algunas chuches. Luego me comentó que no tenían camas, vendí algunas cositas que eran para mi futura casa, él vendió una escopeta y con unos ahorritos que tenía yo compró las camas cuchetas y le instaló un pequeño negocio de almacén en el garaje, para que la madre de sus hijos trabajara ayudando así la mantención del hogar. Trataba de convencer a Hugo para que se fuera de la casa de mis padres y separarnos definitivamente, eran discusiones y golpes en los que mi mamá intervenía, con su *superescoba*, yo le decía a Hugo que había conocido a otra persona, pero no le importaba, hasta que fue a la empresa y conoció a Jorge, fue muy violento el encuentro, ambos quedamos despedidos. Mi padre le regaló una camisa a Jorge, porque estaba rota, pero logré que Hugo se fuera de mi casa, pero no de nuestras vidas. A veces acompañaba a Jorge a las guardias del hospital, él tenía una rutina familiar compleja, según el turno de trabajo; si tenía turno de mañana, él tenía que abandonar la guardia para ir a su casa, primero despertar al hermano para que fuera a la facultad; después despertar a los niños, darles la leche y llevarlos a la escuela, cocinarles, lavar algo de ropa; luego buscar a los niños, regresar a la guardia, porque su señora se levantaba tarde, devota de los testigos de Jehová se iba a predicar y el negocio permanecía cerrado. Sus superiores lo sancionaban con suspensión de hasta tres días, y muchas veces sin goce de salario. Al quedarse sola la más pequeña, el padre se la llevaba a la guardia para que la cuidara, la verdad es que tenía un follón el pobre Jorge, así conocí a su pequeña y la conquisté con un caramelo.

Decidimos vivir juntos, nos prestaron una casita barranca abajo, derruida, sin ventanas, puertas y menos baño, agua, luz; conseguimos una cama, unos cajones para poner la ropa, nuestro baño; y un tarro con una bolsa. Nos mudamos con mi Lucía, tenía ella ocho meses, Jorge le conseguía la leche por el hospital, sus remedios o citas médicas. Él le dejó todos sus bienes a su familia, no le dejaron sacar su ropa, solo lo puesto, le entregaba a su señora el sueldo completo de lo que ganaba en el hospital, se quedó con su Opel, un bien que no pertenecía a la sociedad conyugal, le dejó su casa, que es un bien de su familia. Consiguió otro trabajo en la cochería o, como dicen en España, tanatorio, para solventar nuestros gastos, pero también les daba casi todo el dinero. Era una separación muy complicada por ambas partes, una guerra; su exesposa comenzó a impedir que viera a sus hijos, enviaba al padre de Jorge a pedir más y más dinero o que enviara pizza porque no les cocinaba a los chicos. Su madre y exmujer comenzaron a hacer brujerías con magia negra, nunca había vivido una situación así. Mientras dormía, del hueco de la abertura de la ventana entraba un monstruo, se me acercaba a la cara gritándome, me despertaba a los gritos, asustada, aterrada, o se reflejaba una sombra negra en la pared. Hugo venía a molestarnos a gritos con la excusa de llevarse a la nena. Ambas familias ponían de rehenes a los niños como venganza por separarnos de nuestras parejas que en ambos casos era una relación conflictiva, infelices. Una mañana, despertamos por el ruido extraño, estábamos mojados, las cosas flotaban, había llovido, se había inundado, la calle tenía un metro y medio de agua, el auto Opel se paseaba plácidamente bailando el vals de los aguados, se le veía el techo, era agua de zanja y fluidos cloacales. Cuando bajó el agua, no sé qué le hizo Jorge al auto, pero arrancó tosiendo y escupiendo agua como diciendo «Qué asquerosidad».

Dormimos en ese colchón mojado y contaminado. No teníamos elementos para cocinar o para preparar una mamadera, tomar un vaso con agua. Sumando los fantasmas de noche. Vivimos una película de terror. Para fin de curso escolar a mediados de diciembre, fuimos a la escuela a la entrega de medallas de egresados del séptimo grado, de su hija mayor de doce años, medalla a la mejor compañera, mejor alumna, un pedazo de cielo la niña.

El 31 de diciembre 1989 estaba sola con mi hija de ocho meses, era de tardecita, golpeaban fuertemente la puerta, era el padre de Jorge, yo no les abrí, estaba muy asustada. Al rato llegó Jorge de trabajar, estábamos durmiendo y volvieron a golpear la puerta, Jorge los atendió. Me dijo: «Me voy porque tuvo un accidente mi hija», me quedé sola, vino Jorge a buscarme de madrugada, había fallecido su hija mayor, ella estaba limpiando la casa para recibir el año nuevo, baldeando el piso, agarró el ventilador, recibió una descarga eléctrica y falleció. Nos fuimos a casa de mis padres, él con la mochila de la nena. De noche íbamos al cementerio hasta el amanecer, muchos meses pasaron con esta rutina, el dolor que sentía era más grande que su propia existencia. Jorge nunca superó la muerte de su hija, tampoco fue más la persona que era cuando lo conocí.

Vivimos por un tiempo en casa de mis padres, yo construía esa habitación y baño que había comenzado, él me ayudaba en sus ratos libres a veces, porque a escondidas, en complicidad con mi mamá, iba a ver a sus hijos, yo no le dejaba ir, no por los niños, sino porque los utilizaban para sacarle más dinero, además, se aprovechaban del sufrimiento de la pérdida de su hija. Nunca entendí cómo una madre, después de perder a su hija, fue a los dos días a un casamiento de una amiga de la familia, es mi opinión. Sacamos un crédito para comprar la madera, tirantes y machimbre para hacer el techo. Terminamos una noche de colocar el techo, al otro día, llegamos a la obra, nos habían robado todo el techo tirando abajo parte de las paredes. Qué desolación, dolor y bronca. Tanto sacrificio en vano, pero volvimos a comprar las maderas y techamos con plástico negro. Una noche de tormenta, le dije a Jorge que fuera a ver que no nos robaran el techo otra vez, rezongando fue y dijo «¡A ver si nos roban!». Era en invierno, llovía, hacía mucho frío, se puso las botas, una capa negra, cubierto de la cabeza hasta los pies, escopeta en mano, vieja del 16 y un revólver 22. Frente a nuestro campo dividido por las vías del ferrocarril, vivían malandras, un barrio muy peligroso; Jorge fue costeando la vía, escondiéndose entre los árboles, hasta llegar al fondo, se encontró con una figura casi humana encorvada con ojos amarillos, sus brazos largos, a unos diez metros, montó suavemente la escopeta, ambos se miraron, era un perro muy grande, pero no era un perro parado en sus dos patas; tenía la cabeza con hocico largo, todo su cuerpo con pelaje, se fue a los saltos desapareciendo en la maleza de los pastizales. Cuando iba llegando a la construcción escuchó unas carreras de dos tres personas que estaban por robar el techo, les tiró un escopetazo, para asustarlos, se dieron vuelta, y comenzaron a dispararles, Jorge se arrodilló y le tiró con el revólver 22, con las balas húmedas. Decidimos vivir a unos veinte metros de la construcción, cortamos un tanque celeste de metal de esos grandes, travesamos un palo y tendimos unos plásticos te techo tipo carpa, en el piso, amortizado por los pastos colocamos diarios viejos, y muy abrazaditos los tres espantando el duro frío, dormíamos, hasta que pudimos comprar otra vez el machimbre para techar, colocamos un plástico negro. Así fue que nos mudamos, pusimos una camita y llevamos el agua de la casa de mis padres con un caño de plástico de unos doscientos metros, y la luz con poste y cables viejos, un retrete precario sin techo, un pozo y unas maderas cruzadas, un cuarto sin techo con una ventana sin vidrios una puerta de metal vieja, también sin vidrios, con una cadena. Me dedicaba lentamente a construir nuestra casita y cuidaba a Lu, casi todo el dinero era para la familia de Jorge, porque la única que trabajaba era su madre. Comenzó a traerme a las dos niñas para que las bañara, la madre las dejaba en la calle y no se ocupaba de ellas. En mi precario baño calentaba una olla de agua con jarrito y las bañaba, eran niñas muy cariñosas, especialmente la más chica, el niño más grande también fue acercándose a nuestro ranchito. Jorge, en la guardia del turno noche del tanatorio, venía a verme, estaba sola con mi niña en el medio del campo rodeada de un barrio peligroso. Una madrugada vino en la ambulancia, salí a saludarlo, vi que en el asiento de al lado del conductor algo se movía, le pregunté, me dijo que era un bebé fallecido, que lo llevaba al tanatorio; le dije que se movía, entonces vio que tenía pulso, encendió las sirenas, lo llevó al hospital, lo habían dado por muerto, parece que el calor de la cabina de la ambulancia lo reanimó.

Tenía conflictos en el hospital y lo suspendían, por tomar decisiones urgentes, seguramente porque los médicos de guardia o dormían o no se encontraban en el hospital y él siempre se preocupó por la atención de los pacientes. Otro episodio fue que hubo un accidente entre un tren y un auto con dos jóvenes, murió la novia, el chico estaba en coma, muy grave, Jorge le preguntó si lo iba a canalizar y la doctora de guardia dijo que no, que no se podía hacer nada. Jorge, como coordinador en emergencias sanitarias, llamó sin permiso de la doctora al helicóptero y salvó su vida; fue suspendido tres días sin goce de sueldo. Teníamos un semitecho, cuando llovía no había lugar donde poner la cama, goteaba por todos lados, hasta que pudimos comprar las chapas. Comíamos pan duro, la yerba mate la secábamos al sol, Jorge venía de una familia clase de media alta, pero nos conoció a la pobreza y a mí, nunca se quejó ni renegó las adversidades, le ponía el hombro con garras, un león en defensa de su familia. A la vez teníamos grandes conflictos con el padre de Lu, se vengaba con la nena, pero los problemas más complicados venían de la familia de Jorge. El hospital donde trabajaba quedaba a ciento veinte metros, iban a molestarlo todo el tiempo, su padre pidiéndole dinero para comprar comida de la rotisería porque la madre de los niños se ausentaba, la madre de Jorge se iba frecuentemente a Brasil a comprar mercadería para revender, tenía que cuidar a los niños en el hospital. A la cochería también iba su padre, hasta que lo despidieron.

Comencé a comprar ropa interior en Buenos Aires, la vendía en las tiendas, era muy mala vendedora, caminaba por las calles casi llorando, pensé que esto no me volvería a ocurrir, vivir otra vez en la pobreza, después de haber estado en los mejores hoteles y restaurantes, de haber sido tan popular.

Las brujerías eran cotidianas, Lucía tenía dos años, vino Jorge de madrugada a vernos, al abrir la puerta detrás de Jorge estaba un enano con los ojos rojos mirándonos y Lu dijo: «Un monstruo». En la pared de ladrillo se dibujó el rostro de Jesús, solo fueron unos segundos y desapareció, no le di importancia, pensé que era mi imaginación.

Los chanchos de Ancherama. Teníamos de vecino limitando el campo una chanchería, en verano el olor era insoportable, pero lo más grave es que se escapaban, se acercaban a nuestra casa. Habíamos hecho una instalación de todos los desagües con caño PVC, para la cocina y el baño, los chanchos rompieron todo; estaba mi niña jugando, en el patio, yo la miraba de reojo, y vi que venía un chancho, como de cien kilos corriendo hacia ella, justo venía Jorge, que había visto al chancho, y lo sacó a centímetros, con solo el hocicazo, me la hubiese matado, ese chancho era muy malo. «Por un pelo le salvó la vida».

JESÚS TOCÓ A MI PUERTA, 1990

Habíamos ampliado un cuarto más, que lo usábamos de cocina, el agua con la manguera llegaba adentro y tenía improvisada una mesada con una tabla, un fuentón. No recuerdo el día y mes, serían las tres de la tarde, estaba con mi hijita de cuatro años, golpearon la puerta, la niña dijo: «Un mendigo, mamá», era un mendigo vestido con túnica blanca tiza, sobre ella, telas rústicas de color marrón, tela antigua como arpillera, que caían de sus hombros y otra enredada en su cuello. Su cabello ondulado, color rubio no muy claro, largo, pasando el hombro, su tez era color bronce, su cuerpo emanaba paz, una persona cándida, tranquila; sus ojos eran de color miel, iluminaban el cuarto, una mirada especial, radiando amor para todo el mundo. Detrás como un espejismo había un pozo de agua con lavanderas de la época de los romanos. Era Jesús, con su voz suave, calmada me dijo. «¿Me das un poco de agua?», confundida, desaté la manguera atada con alambre, llené el vaso, me dirigí a la puerta y ya no estaba, solo el campo, en silencio, calmo, color amarillo naranja de los pastos, quemado por el sol, y el cielo muy celeste sin nubes. Mi fe comenzó a crecer, ya lo había visto en el parto de mi nena, después de haberle cuestionado tanto, él vino a mí, otra vez en persona.

Jorge y yo teníamos una buena relación de pareja, compañerismo, mucho amor, pero el desgaste de los problemas con la familia de él provocaba peleas cotidianas, se dejaba dominar por los lazos dependientes que tenía con su madre, su exmujer. Ella estaba ausente en el hogar, el desorden y las pilas de ropa sucia se pudrían en el patio. Cada visita que realizaba Jorge a la casa de su madre donde vivían los niños eran presiones de más dinero más y más..., un barril sin fondo, no disfrutaba de la compañía de sus hijos, de un juego a la pelota, una conversación. Discutía mucho con Jorge él no entendía que seguir el camino que quería su madre, lo alejaba más de los niños, él quería estar con las dos familias al mismo tiempo, pero esto nos perjudicaba a todos. Para cumplir este objetivo, tomaba vacaciones adelantadas o licencias en el hospital, las compañeras de trabajo le decían: «Si tenés una hija, vas a tener que nombrarla Licencia, y si es varón, Franco...», ja, ja. Me quedaba sola construyendo nuestra casa, buscando piedras en las vías, escombros en los campos. Cuando Jorge llegaba de noche, muchas veces fuimos a buscar piedras en el auto en una ciudad cercana porque ya en el barrio no quedaban más, ja, ja, ja. Hice nuestra habitación arriba para aprovechar el techo, Jorge se ataba los pies con una cuerda en el tirante de la cumbrera para clavar las chapas porque era empinado; las nenas nos visitaban, jugaban muy felices, la mayorcita con sus ojos negros una sonreía pícara la que le sigue rubiecita con sus rulos dibujados era cariñosa, se olvidaban de las diferencias de los adultos y disfrutaban de un día de campo. Quedó techado el baño con losas y la mitad de la habitación en madera, una ventana balcón grande con vista al campo; abajo la habitación de Lucía y la cocina, con una escalera que hice de madera pequeña, que me daba vértigo subir. Por años quedó esa escalera, varias veces pasamos de largo, ja, ja, ja. Habíamos encontrado un macetero grande de cemento, estaba roto y lo reparé, lo pinté de blanco, lo adorné con rayitos de sol, rosados; estaban preciosos, se veían a lo lejos. Estaba en la habitación de arriba en el balcón y observé que entraban al campo una señora con un nene, estaban en la maceta, revolviendo la tierra, cuando me acerqué, salieron corriendo. Reconocí al niño, era el hijo de Jorge con su mamá, miré en la maceta y la tierra estaba revuelta y los rayitos, rotos; habían enterrado una bolsa de pelos y huesos, creo que eran humanos, tuvimos que llevarlos al cementerio. Los rayitos se secaron, y cada vez que plantaba flores, se secaban, no crecía nada.

Jorge vendía también artículos de kiosco, le iba bastante bien, era muy buen vendedor, habíamos cambiado el auto por un Fiat Fitito verde manzana, en una agencia, pagando en cuotas. Otra vez tuvimos problemas con la rueda, un repuesto que se llama manchón se rompía a cada rato, cuando viajábamos a la capital a comprar mercadería para vender, se rompía el auto y el pobre Jorge caminaba kilómetros hasta la ciudad más cercana a comprar el repuesto. Queríamos cambiar el auto en la misma agencia, pero siempre nos mentían, fuimos a ver al dueño para que nos diera la documentación, pero no existía la dirección. Era un auto Trucho, robado, la agencia Mancini y Donato no se responsabilizó, así que fue a la chatarra. Lo esché por vender autos robados, y nos hizo juicio por el resto de las cuotas. Compramos un auto familiar rural Dodge 1500, marrón, cómodo, así podíamos viajar y comprar en el barrio once, artículos de kiosco. La tuvimos un tiempo largo, un día antes de llegar a casa se prendió fuego en el motor, teníamos cargado el matafuego, no funcionó. Jorge reparó el auto, es como MacGyver, tenía maña para todo.

Los conflictos con el padre de mi hija eran cotidianos, se la llevaba a la niña, haciendo siempre escándalos, aparte, le pegaba coscorrones en la cabeza, pero él le compraba juguetes, golosinas y buena ropa, así lograba que ella deseara irse con el padre. A los años, viajaba con la madre de Jorge, a Posadas a comprar artículos de kiosco que eran más económicos por el cambio de moneda, traíamos de Paraguay y los vendíamos en negocios locales. Era una relación conflictiva, ella quería administrar mi dinero, invirtiendo en ropa, juguetes, golosinas y más para sus nietos, sin tener en cuenta que yo tenía una hija pequeña a la que no le compraba absolutamente nada. Mi meta era tener un techo y un baño cómodo. Jorge quería tener un bebé, pero yo no quería, no podíamos sostener económicamente a nuestras familias, además, siempre pensé que traer al mundo un niño, es traerlo a sufrir.

Quedé embarazada, pero lo perdí en Capital Federal, fui atendida en una clínica privada, una anestesia general, tuve un paro cardiorrespiratorio. Salí de mi cuerpo y miraba cómo la doctora, desencajada, hacía maniobras de resucitación, al compás de improperios cacheteaba mi cara, su chaqueta tenía un bolsillito superior con un bolígrafo de clic negro y plateado que se le cayó y se alojó debajo de la camilla. Me desperté y me senté, entonces le pregunté enérgicamente por qué me pegaba, ella no dijo nada y comenzó a buscar su bolígrafo, le dije que estaba bajo la camilla. Me recuperé en su consultorio y me fui. Le conté a Jorge lo sucedido, le repetía una y otra vez que no quería tener hijos, que casi perdí la vida. A los pocos meses, no sé si en juego o bromas, me forzó a una relación sin protección, le pedí por favor que no, le rogué, lloré, pero tenía tanta fuerza que no pude impedirlo, embarazada otra vez, hecho este que se lo reclamo hasta el día de hoy. *Reflexión*: ¿por qué no aceptan un NO? ¿Por qué no respetan nuestras decisiones? No tengo palabras para expresar lo que siento, doy rienda libre al lector para esta reflexión.

Seguí viajando con su madre, era una relación tirante, porque no me aceptaba, todo el tiempo me decía que había que comprarles ropa a los niños, juguetes y más, sin reparar en que estaba embarazada, soportar días y días de viaje, duras caminatas, no comer, llevar los bolsos pesados, frío, calor. Por varios años, me mantuve sumisa a sus exigencias, pero a ella no le importaba nuestra situación, tener que alimentar a mi nena, mi futuro hijo, construir nuestra casa, en ningún viaje compré ropa para Lu o el futuro bebé. Estaba de siete meses de embarazo, en un viaje a Posadas, hubo un paro de transporte y pensamos que podíamos tomarnos un avión porque nos salía caro el hotel. Meditamos sobre el costo del pasaje y decidimos esperar el tren para regresar a casa, y menos mal, porque el avión cayó minutos después de despegar y no quedó sobreviviente. Su madre era muy buena persona, la entendía, ella luchaba por su familia, quería hacer feliz a los suyos y nosotros no lo éramos, dejaba de comer para darle todos los gustos a sus nietos, pero nunca se imaginó su triste e injusto final de sus días, y yo no estuve a su lado para cuidarla. *Reflexión* libre a la imaginación del lector: ¿tan desagradecido y egoísta puede ser el ser humano por un ser que los ha amado incondicionalmente? Nuestros viejos nos lo dan todo sin esperar nada, en la vejez esperan afectos, amor, algo de compañía, *¡un poco de agua para beber y una pizca de comida!* Pero no les cobres dinero por ello. A pesar de las diferencias que teníamos, en los viajes nos empachábamos conversando, cuando el calor nos abrazaba en los trenes ella se abanicaba con un cartón o algo que encontraba por ahí y me decía: «Me gustaría tener un abanico sevillano color rojo, pero comprado en España». En su último año de vida, Jorge me hacía videoconferencia para que escuchara mi voz, a pesar de la demencia senil que le achacaba, ella me reconocía y se evaporaba su enfermedad. Me decía que pronto iría a España a vernos, que cuidara al nene. Se había deshidratado y desnutrido, vino Jorge a vernos y le compré su abanico sevillano rojo, al regreso fue a ver a su madre, colocó el abanico en su mano, y entendió perfectamente de qué se trataba, fuertemente lo conservó en su mano. Falleció en el 2021.

Teníamos que pagar a los policías para que nos dejaran subir la mercadería al tren o te la quitaban, ahora que estudié Derecho me doy cuenta de que no debía pagar nada porque la había comprado en mi país, en Posadas, y ellos no eran aduaneros, estaban para controlar la delincuencia y que no subieran drogas o artículos ilegales al tren.

NACIMIENTO DE MI SEGUNDO HIJO, 7 DE MARZO DE 1992

Le pregunté por WhatsApp el 6 de septiembre de 2019, si recordaba el día de su nacimiento, dijo: «Es y fue el día más feliz de mi vida», no pudo seguir hablando, estalló en llanto, ya que estamos peleando por su vida. Mis padres tenían admiración por Jorge, más mi madre, decían que era un hombre muy trabajador que se las ingeniaba para todo.

El parto fue complicado otra vez. No sentía al bebé, no tenía contracciones y sabía el día exacto en el que me embaracé. Habían pasado los nueve meses, mi madre decía que estaba pasada de parto, fuimos al hospital, y las frecuencias cardiacas del bebé eran bajas; el doctor Roberto decidió realizar una cesárea, él bebé nació azul, no respiraba, era largo y flaquito. Mientras yo tuve un paro cardiorrespiratorio que duró bastante, dejé mi cuerpo elevándome hacia arriba, podía observar todo lo que ocurría: ver mi cuerpo en la camilla, mi niño en otra habitación, con Jorge y una enfermera llamada Isabel y el doctor pediatra llamado Varela, que lo tomaba de los piecitos, colgando de cabecita y luego lo tumbaron sobre una mesa y lo aspiraban con una manguerita que introducían en su boca y oídos. Yo no sentía nada, ningún tipo de dolor, podía ver y escuchar, seguía flotando como si algo me jalara. Estaba saliendo de mi habitación hacia un camino y con árboles en sus costados, esto ya lo había vivido con mi hija.

Esta vez vi a Dios, tal cual es dibujado en los libros bíblicos, le dije: «Quiero, quiero quedarme contigo», comenzó a caminar, yo lo seguí por detrás, estábamos como en un campo arriba de una montaña, a unos pocos metros del lado izquierdo, había un amontonamiento de pollos del tamaño de hombres, así todos amontonados; me fui acercando, eran los ángeles, los miré y tenían cabezas de forma de ave con ojos humanos con sus grandes plumas, amarillentas y sucias, gritaban como chillidos de aves, y cantaban con un sonido estremecedor, sin melodía y desafinados, ja, ja, ja. Había mucho olor a pollo. Del lado derecho había una ciudad y las personas caminaban otras conversaban estaban felices. Detrás se veía un campo con flores silvestres, y en el fondo un muro de piedras muy alto. Regresé a Dios, habló del bien y el mal y me dijo: «Que el bien y el mal están dentro de nosotros y decidimos sobre ello, solo el hombre decide cuál camino tomar». Entonces le pregunté: «¿Qué es lo que Dios quiere de nosotros?». Él respondió: «Solo amarse el uno al otro». Insistí en que no quería regresar, pero me dijo que no había terminado en la Tierra, y me señaló a los ángeles. No sé, es difícil describir lo que vi, se movían, queriendo estirarse, pero se chocaban entre ellos, y me desperté en una camilla, con un frío terrible, me dejaron sola en un pasillo, con el pecho colorado y quemado, con un dolor horrible, estuve un rato largo, hasta que un enfermero llamado Darío, que años más tarde falleció, sentado en una silla en su turno de guardia en el hospital, comenzó a empujar la camilla hacia la morgue, entonces le dije: «Tengo frío», y se fue corriendo, gritando despavoridamente. Al rato vino con una enfermera llamada Isabel, me colocaron una vía en la vena de mi mano, con suero, seguramente. Vino el doctor, que tardó un poco, y me preguntó cómo estaba, ja, ja, ja, «Con mucho dolor y frío», contesté. Él me acompañó por los largos pasillos y puertas que se habrían, estaba lejos del quirófano, se escuchaban los chirriantes ruidos de metal, entonces me dijo: «Mamá, vamos a coserte», al darme por muerta me habían dejado la panza abierta. Sé que estuve mucho tiempo muerta, sé que es imposible. Estaba sin coser mi panza, sin suero, medicación por vía, cubierta con una sábana blanca sin suero, no tengo explicación, he resucitado tantas que ya no las cuento. Dijo el doctor: «No puedo ponerte anestesia», sentí cada pinchazo y el hilo de la costura, cada nudo que se ataba y costaba el hilo sobrante, el dolor interminable. El medico decía: «Aguanta, aguanta, ya falta un poco menos», mientras él me hablaba y una enfermera sostenía mi cabeza, me acariciaba, mientras describía al bebé, el médico me decía: «Ya termino, tendrás que volver a operarte para coser los músculos del abdomen». *Las consecuencias hacia mi salud fueron desbastadoras; una cicatriz enorme y horrible que recorre más de la mitad de mi cintura y la cruza otra cicatriz hasta el ombligo que desapareció, comencé con problemas intestinales, cansancio y en el año 2010, sufrí un accidente cerebrovascular que contaré en adelante.* Me llevaron a la habitación, estaba Jorge con mi madre, contenta con su nieto, que lo amaba muchísimo. Me lo trajeron, era varón, menos mal; si era mujer, su nombre sería Licencia por las bromas de los compañeros del trabajo en el hospital. Lo llamamos Franco, lo prometido es deuda, era muy largo, bonito, tranquilo, teníamos la cesta de pan de mimbre que tenía mi mamá en el kiosco, entonces tenía que doblar los pies porque no entraba. No lloraba y dormía mucho, siempre tranquilo.

Mi madre venía por las tardes a tomar mate, siempre fue muy cariñosa con los nietos. Yo no realizaba más viajes, cuidaba a mis hijos y seguía la construcción de la casa. Éramos felices con él bebé, pensaba que Lu iba a tener un compañerito para jugar y no ser hija única. A los seis meses de vida, en horas de la siesta, tres de la tarde, vino mi madre, estábamos tomando mate junto a la cesta, Fran estaba, dormido, entonces me dijo: «Qué raro que duerma tanto», lo tocó estaba frío, casi no respiraba. Salimos con Jorge al hospital, a toda velocidad, entramos por guardia hasta el consultorio, Jorge colocó a Fran sobre la camilla, estaban la doctora y un médico pediatra conversando, lo revisaron muy poco, sin importancia. La doctora le dijo: «Jorge, no hay nada que hacer, está muerto». Ella era compañera de trabajo, no sabía que era su hijo, y siguió hablando con el médico. Yo, parada en la puerta viendo la escena; Jorge, petrificado. Corrí, lo alcé en brazos, comencé a correr por el pasillo, una enfermera me seguía, pero yo no la escuchaba, vi un tubo de oxígeno, la enfermera le puso la máscara, abrió la válvula y se despertó, apenas respiraba, Jorge por detrás de mí nos alcanzó, subimos al coche rumbo a la capital al Hospital Garrahan, pero era domingo, había un atasco en la ruta, con un pañuelo blanco con la bocina continua tomamos la banquina, como no se sentía la respiración, le hacía respiración boca a boca, indicándome Jorge, tranquilizándome. Salimos de la ruta, al Hospital de Escobar, el médico de guardia le puso la mascarilla con oxígeno y Jorge pidió la ambulancia a la cochería en la cual había trabajado, la prepararon con oxígeno y un médico lo acompañó al Hospital Garrahan. Nosotros los seguíamos desesperados, llegamos y los médicos lo atendieron inmediatamente, le hicieron muchos estudios, pero estaba en coma, apenas latía su corazón, su respiración era apenas un hilo de vida que se estaba yendo. Nos dijeron que nada podían hacer y que lo trasladaban al Hospital de Clínicas, allí hacía guardia como practicante mi hermana, que estudiaba Medicina. Fran estaba con respirador artificial y con un aparato que controlaba su corazón, pasaron varios días, lo visitaron, mi madre, mi hermano mayor y el hermano de Jorge. Mi hermana hablaba con los médicos, Jorge también, pero no sabían lo que tenía, un médico lo alzó y lo llevó hacer estudios de su cabecita. Era muy amable y me decía: «Mamá, su hijo es perfecto, le faltó oxígeno a su cabecita y no sabemos los daños cerebrales que tiene, no sabemos por qué está en coma, es tan sanito». Seguimos esperando su evolución, pero seguía igual, hasta que a Jorge le dijeron que lo iban a desconectar, que yo fuera al piso de mi hermana a descansar. Les dije que no, entonces se me acercó una enfermera, y, como susurrando, me dijo: «Disculpe, no lo tome a mal porque me pueden echar de mi trabajo, ¿cree usted en señoras que curan?», no le contesté, la enfermera le miró la espalda y me dijo que tenía pie de cabra y se fue. Mi madre llamó al hospital y habló con Jorge, nos dijo que Martha nos estaba esperando. Era de madrugada, Jorge agarró al bebé con su enorme cuerpo, se enfrentó con los médicos que no le dejaban llevárselo, pero firmó la responsabilidad del alta.

Llegamos a lo de Martha a las cinco de la mañana, ella estaba asomada por su ventana del segundo piso que daba a la calle, nos abrió la puerta, entramos a su cuartito, yo lo tenía en brazos, recostado en el hombro en coma, ella no lo tocó hizo unos rezos y unas cruces en su espalda. Nos dijo: «Vengan siete días seguidos, que estará bien, y nada más». Yo pensaba dentro de mí «Es un chiste», salimos del cuarto, caminamos unos pasos, había un pedestal con un aro en el que se sujetaba un loro, el loro comenzó a repetir «Quiero papa, quiero papa», entonces Franco se despertó, le decía al loro: «Papa, papa, papa». Estábamos tan asombrados que no regresamos a decirle a la señora Martha que se despertó, corrimos a hacerle la mamadera como si nada hubiese pasado, estaba normal, por miedo lo teníamos en nuestra cama, él en el medio, y lo escuchábamos respirar. Nos turnábamos para dormir, lo llevamos a la señora Martha nos dijo que tenía tres parásitos en la espalda cerca de la cola, era ese moretón que le llamaban pie de cabra, que iba a estar bien, pero que además tenía un mal hecho, que las brujerías atacaban al más débil. Tuvimos que hacer un exorcismo, fue espantoso. Compramos las velas, agua bendita, yo no sabía el padrenuestro y lo escribí. En la habitación de abajo sin muebles, con piso crudo de cemento, hicimos un círculo con las velas prendidas, Jorge y yo, con el bebé en brazos, comenzamos a rezar, hasta que las velas explotaron y se estrellaron contra la pared. Algo nos impedía rezar, fue de película, el piso quedó todo manchado con aceite, las que se apagaban Jorge las prendía, hasta que él bebé me miró, su cara era como la de un monstruo, lo iba arrojar contra el piso, entonces Jorge nos abrazó fuerte y dijo:

«Ya está, mami, ya está, todo se calmó». Esas manchas de aceite no se iban, le pusimos cerámicas y piqué el revoque de la pared, pero brotaba igual. Nunca más se me enfermó así, estaba sanito, era cariñoso y tranquilo, solo que la falta de oxígeno generó un retraso madurativo y una enfermedad mental que se manifestó a los diecinueve años.

Se nos ocurrió comprar un colectivo bus, como Jorge es imparable, sin plata canjeó la camioneta por un bus viejo, grande, de cincuenta asientos, el interior impecable y cómodo. Fuimos a Quilmes a buscarlo, pero Jorge nunca había manejado un bus, salimos y, a los pocos kilómetros, se elevaba la temperatura del motor. En el bus había unas botellas de agua, eran para el radiador; seguimos en plena Panamericana cerca del Tigre, otra vez la temperatura, salimos a buscar una estación de servicio, ingresamos en un barrio con calle de pedregullos, angostita, llena de pozos. El bus se empezó hamacar, comenzaron a salir unas arañas, tipo tarántulas, le caminaban por el parabrisas, el terror de Jorge, acabó con el hombre fuerte y valiente, ja, ja, ja. Entre la marcha atrás, el vapor del motor que empañaban el parabrisas, la cantidad de arañones despavoridas que salían del motor, los nervios de Jorge al no controlar la situación, dio marcha atrás y chocó con un árbol y una rama ingresó rompiendo el parabrisas de atrás. «Qué desesperación, pobre Jorge», él tenía terror a las arañas, igual que yo, creo que él más. Así llegamos a casa, se puso a desarmar solo el motor. No conté que Jorge perdió la visión de un ojo por atajar con la cabeza un pelotazo, del otro tiene miopía, no ve un pomo, así que yo hacía de ojos, él ponía las manos y la fuerza, para sacar la camisa del motor soldada por el calor, luchó como loco, pero quedó muy bien. Comenzamos nosotros a trabajar con el bus mi hermano y Jorge llevaba pasajeros a Atucha, pero después de un tiempo mi hermano, que era el chófer, compró un micro y se quedó con el trabajo. Se nos ocurrió hacer turismo, le pusimos de nombre Megatur, fuimos a la frontera con Brasil, porque la madre organizaba los viajes, aunque no resultó por los costos, además, mi suegra era muy dominante y quería manejar nuestras vidas, acostumbrada yo a ser independiente, mis padres nunca se inmiscuían en mi vida. Comenzamos a hacer viajes nosotros a Entre Ríos a llevar vecinos al río, en un balneario que se llama Ñandubaysal, Gualeguaychu, a los famosos corsos en verano, teníamos nuestros clientes. En invierno íbamos a *Ritmo de la Noche* en un canal de televisión, con la participación de público con un conductor muy famoso, Marcelo Tinelli. Siempre teníamos los mismos clientes, uno en especial que me ayudaba a vender las latitas de gaseosas, se llamaba Marcelo, con un carácter de buen humor, le gustaba cantar, iba con sus dos hijas y señora, una familia de clase humilde, y él pintor, muy trabajador.

JESÚS EN EL RÍO URUGUAY

Fuimos muchas veces a ambos lugares, dormíamos en el colectivo cuando íbamos al balneario Ñandubaysal. Un día fin de semana salimos, como siempre, pero el día estaba feo, llovía, hacía frío y estaba nublado. Marcelo, con su familia bajo la llovizna y su humor, hizo su asadito; tengo una foto de ese día con Fran y su papá. Cuando quisimos arrancar el bus, no andaba; nada, probó todo. Jorge conocía todas sus mañas, pero no arrancó, entonces les devolvimos el dinero a los pasajeros, eran pocos y nos daba pérdidas el viaje, pero siempre hemos cumplido con nuestros clientes sin importar perder dinero. Pasamos la noche, no teníamos dinero para darles de comer a Lu y a Fran, buscamos en las parrillas, pero no había sobras, la leña estaba mojada. Jorge estaba revisando cada detalle del micro para ver por qué no arrancaba, no tenía ningún desperfecto; salió el sol, pero no teníamos cañas para pescar, fuimos a un lugarcito de playa en la sombra y había varias personas, una familia con dos niños que jugaban con la arena. Lu tendría seis añitos y Fran un año, los niños tenían baldecitos, el río bajaba con su corriente hacia el sur, pero de pronto se nubló un poco y cesó el viento; los pájaros no cantaban más, un silencio absoluto. Miré hacia el sur del río y, en el medio, vi a Jesús caminando sobre él, con los brazos estirados hacia el cielo, su mirada llena de goce, solo con una túnica color blanca, hacia el norte en contra de la corriente del río Uruguay, formando unas olas en uve corta, un cardumen de peces saltaba junto a su paso, miles de peces, muchos quedaron en la playa saltando. Los niños colocaban en sus baldecitos, le dije a Jorge que fuera a agarrar uno, se metió hasta la cintura, atrapó un pez en el aire que saltó delante de él, abrazándolo. Era un pez grande muy grande, Jesús pasó por delante de nosotros y desapareció, justo cuando Jorge agarró el pez. Yo me quedé estupefacta en mi locura, no teníamos manera de cocinarlo, entonces Jorge fue al restaurante, habló con el parrillero, le explicó lo que nos pasaba y le dio un gran pedazo de un pescado que estaba hecho. Los niños lo devoraron, tenían tanta hambre. Nosotros no comimos, Jorge fue al micro y arrancó sin ningún problema, nos fuimos en silencio. Ese fue el último viaje a Ñandubaysal.

NUESTRO PRIMER NEGOCIO, 1994

Como solo teníamos algunos viajes en el bus, porque se rompía mucho, el trabajo del hospital y ese dinero eran para la primera familia. Entonces se me ocurrió abrir un negocio, no teníamos dinero para el alquiler ni para nada, pero Jorge convenció a la señora de la inmobiliaria para alquilar y pagarle mes de que funcionara el negocio. Alquilamos frente al Club Belgrano, tenía una máquina de coser y una de máquina de remallar y cortar el sobrante de telas, comencé como costurera para clientes del barrio, luego el club me dio el trabajo de hacer el equipo de fútbol: pantalones, buzos y camperas. Muchas veces me quedaba con la persiana baja cosiendo, Jorge se iba con los niños a dormir a nuestra casa y Lucía iba con su papá. Cuando estaba bien de salud, se hacía diálisis por un accidente en los hornos de Dalmine, perdió los dos riñones.

Miraba por la ventana, eran las cinco de la mañana cuando los primeros obreros empezaban a trabajar y a mí aún me faltaba mucho trabajo para terminar. Pagábamos el alquiler y compramos una máquina de estampar, para colocar los números en los equipos de fútbol. Se me ocurrió alquilar una fotocopiadora en blanco y negro porque los vecinos tenían que ir al centro de la ciudad unas quince cuadras, era un servicio sin ganancias; luego alquilamos la primera fotocopiadora a color, a la gente le gustaba porque podía hacer copias de sus fotos para regalar a los familiares y más. Había comenzado a construirse el parque industrial, la calle era de paso obligado, también comenzaron a hacer trabajos en las fotocopiadoras, las manejaba Jorge, mientras yo cosía; además, atendía al público, soy muy conversadora. También hacíamos los viajes de equipos de fútbol los fines de semana. Ambos trabajos a la vez.

Jorge casi no veía, se compró después de muchos años los lentes de contacto, estaba tramitando la jubilación. A mi abuela, madre de mi padre, Dorita, la visitábamos o ella venía cada tanto a visitar la familia. Me contó sobre los milagros de la Virgen de Lourdes, con mucha vehemencia. Ella adoraba a Jorge, fuimos un domingo, hicimos el ritual, de las siete canillas, rezamos y ella quedó feliz. Al día siguiente, un lunes vino una señora a última hora con una estampita de la Virgen de Lourdes y le pidió que le hiciera una ampliación en A3, palabra técnica, son como dos hojas A4 tipo carta juntas; la amplio y salió preciosa, nos habló de los milagros, se fue, apagamos las máquinas y nos fuimos a casa.

APARICIÓN DE LA VIRGEN
DE LOURDES

El martes, como todos los días, abrimos el negocio subiendo las persianas, para ingresar al local, cuando se encendió la máquina fotocopiadora láser de color, escaneó los cuatro colores y salió en tamaño A3, la hoja grande, la imagen de la Virgen de Lourdes. Miramos y no había estampita para fotocopiar, estas máquinas antiguas hay que programarlas, hacer ampliaciones de A4 primero y después de la copia volver ampliar. Guardé la fotocopia por muchos años, me arrepiento de no haber comprado un marco y conservarla, porque se rompió y tuve que tirarla por lo descuidada que soy. Años más tarde la dibujé y la traje a España, tengo colgado el cuadro en la entrada al piso. Esta situación nos animó que Jorge se tratara la vista. Fuimos al hospital de ojos Santa Lucía al mejor cirujano, Dr. Bodino (especial agradecimiento). Le realizó los estudios y le dijo que no se podía operar porque era su único ojo, podía quedar ciego, era una operación que no se la recomendaba y él no lo operaba, así dijo. No quería que perdiera lo poco que veía de su único ojo, nos fuimos sin esperanza y tema terminado. Al tiempo le dije que fuéramos a visitar a la virgencita de Lourdes en Lugano, para pedirle por tu vista. Cada vez que queríamos ir se nos complicaba. Fuimos un domingo, no podíamos llegar, nos perdíamos, varios domingos más, fallamos, pero por fin llegamos. Le compramos su velita, hicimos el ritual, rezamos mucho, por todos. Sacamos turno para el mismo médico, Jorge insistió y le dijo que sí que lo operaba.

Lo operó, se le complicó la operación porque se le derramó un poco el líquido del vítreo, le puso un lente intraocular, le tapó el ojo y le dijo que por unos cuantos días no se podía sacar la venda. Quedó ciego, lo saqué a la calle, pero me di cuenta de que no veía, ¿quién iba a conducir el auto estacionado enfrente? Yo no sabía conducir, me explicaba cómo apretar acá, así, pero no entendí nada. Lo dejé recostado, en la pared, prendí el auto, solo primera y hacia delante, crucé la avenida de una, lo subí; él estaba renegando porque no sabía hacer los cambios, embriagaba y se paraba en plena avenida de Capital de Buenos Aires, que es un caos de tránsito, no podía parar. Fue un lío, cómo sufrí hasta que Jorge, con su santa paciencia, me dijo que él haría los cambios y yo tenía que manejar el volante. Él me decía cuándo embriagar, cuándo frenar, y que si se paraba el auto, que se esperen. Los bocinazos todavía los escucho, ja, ja, ja, pero ya en la ruta aprendí a manejar, más tarde, a estacionar. Después de diez años me saqué el carnet de conducir. Llegó el día esperado, no sabía si iba a ver o quedar ciego, se sacó la venda, estuvo muchas horas sin ver, pero poco a poco veía sombras, colores, hasta que se desinflamó y por fin conoció a su hijo Fran, le vio la carita por primera vez. Estaba tan feliz que lo besuqueaba al pobre chico. Fran tendría dos años.

Atentado a la AMIA, 18 de julio 1994. Fuimos a la hora de cierre del medio día al barrio del Once a comprar las remeras para estampar, tenía hecho un pedido por teléfono, era solo pagar y retirar. Dejamos el auto en la cochera, Jorge fue cerca a comprar las remeras, yo me fui corriendo al lado de la AMIA, estaba lleno el negocio; había una mamá con su hijo de siete años, yo ingresé le di el dinero, me entregó la bolsa, fui al estacionamiento, salimos a unas cuadras y escuchamos la explosión. La mamá y el niño murieron, yo, por hacer rapidito todo corriendo, me salvé por minutos.

Lu estaba mucho tiempo con el padre y la enviaba a patín artístico, yo le hice su trajecito, llegó a competir, aprendió rápido, las piruetas eran su pasión, a mí me asustaban, pero ella dominaba su cuerpo. Era un genio, aunque su carácter era difícil, siempre chinchuda, celosa, pero muy inteligente. El padre la incentivaba a la lectura, así que aprendió a leer y escribir a edad temprana, cualquier libro era suficiente para ella, fue al mejor jardín de infantes y en la escuela era primer alumna, pero su mal carácter llamaba la atención. Creo que, en primer grado, la molestó un chico y le mordió la oreja; la llevábamos de paseo y ponía cara de enojada, en todas las fotos tiene cara de enojada.

Travesuras de Franco. Tenía siete años y su papá siempre le enseñaba a manejar. Un día, el muy travieso, puso el micro en marcha, estaría en cambio parado, salió en primera y su padre, corriendo, le decía: «Abrí la puerta», que era neumática, muy calmado el niño le abrió la puerta y estacionó el micro como si hubiese manejado toda su vida. «¿Viste, papi, que yo puedo manejar solito?».

En el último viaje del bus, llevando a un equipo de fútbol a Baradero, el último un pasajero arrojó un cigarrillo prendido en la parte trasera del motor, comenzó a incendiase al llegar al club, trajeron una manguera desde el club hasta el micro, se incendió bastante. Les devolvimos el dinero para que contrataran otro micro, no hubo ningún pasajero herido, bajaron antes de que se incendiara la parte interna. Jorge tenía en los baúles un taller de herramientas, todo tipo de elementos, entonces comenzó a hacer todo el cambio de mangueras y cableado. Hacía frío, una señora me prestó una frazada, pasó toda la noche arreglando el micro mientras yo lo alumbraba con una linterna y le alcanzaba las herramientas. Terminó a la nochecita, lo puso en marcha, llegamos a casa y lo estacionó. Estuvo parado como dos años, lo vendió como chatarra a cambio de cinco mil ladrillos que solo pagaron una parte, para hacer la piscina

La casa seguía construyéndose, se había ampliado, la cocina se convirtió en la habitación de Franco, un *living* de ocho metros con una altura de otros ocho metros, y una habitación con baño y vestidor; además, en el segundo piso, mientras estaba embarazada de Fran, yo comencé a hacer un pozo para la piscina y en siete años había avanzado bastante, terminamos la piscina.

EL MUNDO DEL ESTAMPADO
EN ITUZAINGÓ

Nos mudamos al centro con el negocio. El sitio era pequeño, pero tenía una habitación, baño y una pequeña cocina; delante pusimos el negocio. Estaban las máquinas y el mostrador, una pequeña pecera para darle personalidad. Para ese entonces tenía una computadora Windows el Corel DRAW 3 con escáner e impresora, aprendí sola a manejar los programas, podía hacer diseños gráficos, logos. Tenía clientes importantes del parque Industrial. Un empresario de Toyota me trajo como regalo de su país un pez que comía carne, precioso, alado y colorido. Se comió el resto de los peces, lo quise acariciar y me mordió el dedo, al tiempo vino un golpe de tensión y frío en el agua, murió cocinado, también me quemó el motor del láser de la fotocopiadora color.

EL DESPISTE DEL AVIÓN. Fuimos a Canon a buscar insumos, en Puerto Madero. Veníamos conversando y paramos en el semáforo, vi que venía un avión y seguía por el pasto, cuando chocó la reja me di cuenta de que se me venía encima, aceleré pasé el semáforo en rojo y pasó por detrás de mí. Los autos que estaban estacionados desaparecieron, yo seguí, no sé si en primera o tercera, hasta que escuché la explosión, no miré para atrás, seguí, como los dibujitos animados. Sé que Jorge estaba distraído porque me decía que el semáforo estaba rojizo.

El negocio crecía, las empresas de parque industrial, eran nuestros clientes fieles, sumando los comerciantes, los de todos los días. Económicamente nos iba bien, construíamos nuestra casa, les dábamos una buena educación a nuestros hijos, podíamos comprarnos ropa y estar bien presentables. Como pareja éramos muy compañeros, nos amábamos locamente, siempre teníamos un tiempo para nosotros, en nuestras relaciones íntimas eran excelentes; estábamos felices, nos habíamos elegidos, convivíamos las veinticuatro horas. Planeábamos el futuro, íbamos a morir juntitos en nuestra casa, así la diseñamos, pasábamos en el tiempo libre en el patio sentados en los escalones de la escalera, mirando el campo, elogiando la tranquilidad de un lugar perfecto, la puesta del sol o la luna a pleno brillo; tomando mates, deseando vivir así para toda la vida, sumando los cariños que nos dábamos, un matrimonio perfecto.

Jorge había realizado cursos como técnico en la empresa Canon, aprendió a manejar los plóteres, hacía servicios técnicos de fotocopiadoras. Viajábamos siempre juntos, con los niños, siempre al lado nuestro, vivíamos en el negocio, por comodidad. El padre de Jorge venía casi todos los días, cortaba papelitos, y llevaba a su nieto a comprar golosinas, yo me peleaba un poco con él porque era cargoso, pero me quería. Se escapaba de su casa para ver a Fran, no lo dejaban que nos visitara, él les decía que iba a buscar dinero para ellos.

Decidí terminar la escuela secundaria el último año, con mi hermana menor, teníamos que viajar a Lima, unos veinte kilómetros, Jorge se quedaba con el nene; Lucía, con el padre. Uno de esos días Jorge nos dijo que le lleváramos el nene a mi mamá porque él no podía cuidarlo, tenía que salir a caminar, un hábito que no tenía. No me gustaba dejar al nene en casa de mis padres, por el pedófilo que me crio. Entrábamos en el turno noche a las siete, nos regresamos del colegio, no había clases, retiramos dormido al nene, encontramos la puerta del negocio con las llaves adentro, tocábamos timbre y no salía, esperamos un buen rato, con el nene dormido. La luz de la cocina se veía prendida, a mi hermana se le ocurrió pedir permiso a la vecina, para ingresar en el negocio, tenía una comunicación por el patio trasero, entonces ingresó y al ratito, salieron Jorge y esa mujer. Mi hermana no me quiso contar, solo se sonrió, ella siempre quiso a su cuñado; quise hablar el tema, pero él me dijo que era una clienta que le quería vender unos productos para mí, de los que yo jamás usaría, como aceites, me mintió, traté de que me contara lo que le pasaba, si nuestra relación estaba mal, tal vez no me había dado cuenta, pero nada, sus palabras fueron «No pasó nada». El silencio, ese silencio que te come por dentro, perdí la confianza, me sentí estafada; lo hablábamos todo, hasta habíamos pactado que, si nuestra relación se terminaba, o alguno de nosotros tenía otros sentimientos, con solo decirlo, lo respetaríamos, pero no el engaño, habíamos luchado tanto por formar nuestra familia, que no comprendía cuál era mi error. El amor ese día se esfumó de mi alma, de mi corazón, mi mente. Él jamás iba a caminar para ejercitar su cuerpo y no querer cuidar a Fran. Dejarlo con mis padres no era buena idea, ya que él es un pedófilo, así se lo reclamé, y se rio, palabras evasivas, no le importó ni su hijo. El gran sacrificio que hacía por adelantar el trabajo para superarme, quería estudiar abogacía. Llegamos a discutir y le tiré un yogur, no por la infidelidad, sino por no expresar sus sentimientos. Entonces él no confiaba en mí, tampoco le importó dejar a otra familia por sus aventuras, sentí irresponsabilidad por su parte, no le importó el sacrificio de los demás. Él me eligió, entonces, faltó al pacto de nuestro amor; mi amor por él se esfumó, en un segundo, continuamos siendo una pareja, compañeros de vida, porque no quiso separarse de mí, él siguió igual como si nada hubiese pasado. Él se jubiló, tuvo que indemnizar a su exmujer, con una suma cuantiosa, porque nunca le pidió los recibos del dinero que le entregaba, además, no presentó oposición al juicio de divorcio y le retenían el sesenta por ciento de su jubilación. Igualmente vivíamos con el dinero del negocio, le reclamaba porque no hizo oposición a la demanda de alimentos ni declaró que le entregaba cuantiosas sumas de dinero, tampoco presentó demanda de divorcio.

TECNOLASER: el comienzo del motivo de asilo en España

El negocio crecía, nos mudamos a un local más grande en una avenida a veinte metros del municipio, a cien metros de la comisaría primera. El lugar era muy grande, el salón tenía unos treinta metros por cuarenta de fondo más un entrepiso, cocina y baño; lo tuvimos que reformar, hacer el entretecho. Lo hicimos nosotros dos, incluimos una gran librería, cafetería, mesas y sillas para que los estudiantes, mientras esperaban las fotocopias, disfrutaran de un rico café, un kiosco con golosinas, que lo atendía una de sus hijas, pero lo cerramos porque daba pérdidas. De vez en cuando nos tomábamos unos días de vacaciones, en Pascuas fuimos a Mendoza. Los niños querían conocer la nieve, salimos viernes de madrugada, los niños se peleaban en el automóvil marca Ford orión de color azul, llegamos de noche, dormimos en un hotel y desayunamos muy rico. El auto era a nafta y a gas, siempre andábamos a gas porque es más económico; subimos las altas cumbres, visitamos las tumbas de los soldados caídos del general San Martín, luego vimos el pozo sin fin, llegamos a las leñas, todos teníamos traje y culopatín, pero no pudimos ir a la pista de esquí porque, para un ratito, era muy caro, así que jugaron en la nieve y todos nos tiramos del culopatín, solo fueron dos horas de juego en la nieve. Bajamos de las altas cumbres y en el medio del camino, en el cruce de una ruta que va a otro pueblo, se nos quedó sin gas, fuimos al pueblo; el gas se congela en invierno, entonces gastamos el doble, pusimos nafta y regresamos a Zárate. Llegamos el lunes de noche y el martes, a trabajar, sin dormir. Manejé más de dos mil kilómetros para que los niños jugaran en la nieve. Los problemas familiares crecían, teníamos que viajar a la Capital a comprar insumos, dejábamos al hijo mayor, encargado de atender el negocio, pero se vaciaba la plata de la caja, compramos una camioneta furgón cero kilómetros y entregamos el auto viejo con unos ahorros y doce cuotas. Sufrimos varios robos, nos negábamos a pagar protección de la policía. En uno de los robos dieron un culatazo en el ojo a Jorge, un culatazo con el arma en el ojo, justo el que estaba operado y no podía recibir golpes. Denunciamos, dentro de la comisaría se aparecieron los delincuentes a amenazarnos para que no hiciéramos la denuncia, los oficiales de policías no les dijeron una palabra, a pesar de que les hacíamos las copias gratis y donábamos insumos. Otro robo fue cuando dejamos a la mamá de Jorge que abriera el negocio, llegamos y vio que unas chicas se llevaban artículos caros de librería, ya que era autoservicio, llaveó la puerta y llamó a la policía, se las llevaron con la mercadería. Fuimos a hacer la denuncia, pero no nos la tomaron porque eran menores, y tampoco nos devolvieron los artículos, dijeron que eran para elementos de prueba, así que nos robaron en nuestra cara esos oficiales porque no se realizó ninguna denuncia. Estresados nos fuimos de vacaciones una semana a las cataratas de Iguazú.

Cataratas de Iguazú

La primera parada fue conocer las ruinas de los jesuitas, hermoso y cuidado lugar. Lucía cogió dos hormigas muy grandes, las guardó en un recipiente y jugaba con un palito a que los muerda. Yo le decía: «Lucía, tira eso, que si se crían en Zárate, nos comen». Tomamos muchas fotos y luego nos dimos cuenta de que la cámara no tenía el rollo puesto. Seguimos viaje directo a las cataratas, hermosos caminos de madera, paisajes selváticos, nos mojamos, recorrimos el río. A Jorge, sentado en la lancha, le tomamos la foto y salió con su ojo negro por el golpe recibido, tenía puesto un gorro rojo del club de independiente, ja, ja. Es increíble ver la cantidad de saltos y ver cómo choca al caer, da miedo. La pasamos muy bien, fuimos a un vivero, compramos una planta de banana amarillo taxi y rojo sangre divina, una orquídea que comía moscas, cada nueve meses daba una flor, todo lo cargamos en el baúl de la camioneta marca Fiorino. Comenzamos a regresar, pasamos por tribus indígenas, cerca había un enjambre de mariposas muy grandes de todos los colores, se bajaron los niños y las espantaban; seguimos el camino, se me ocurrió ir a un parque, entonces fuimos a la cafetería, comimos algo, pero no leímos las advertencias ni prestamos atención a la exposición de frascos con cabezas de víboras. Eran las tres de la tarde, entramos por los senderos, de la selva, quería llegar al salto encantado, una catarata de agua con una altura de treinta metros que vertía sobre un río. Jorge con pantalón de deporte; yo, con pantalones cortos. Lucía y Franco corrían felices, había pendientes, dentro de la selva las copas de los árboles cubrían el cielo, parecía de noche; a ratos llovía, en las bajadas hacíamos culopatín con el barro, entonces decidimos regresar. Camino arriba comenzó un viento que hacía que los árboles tocaran el suelo, dentro de los pastos sentíamos que nos acompañaba algún bicho, hasta que de arriba de un árbol cayó una serpiente tipo pitón. Jorge subió a Franco a caballito, Lucía corrió primero, la perdí de vista, yo iba la última, Franco estaba gritando «Diosito, no dejes que la víbora se coma a mi mamá». Llegamos al parque, era un día soleado, hermoso, nos lavamos un poco, estábamos embarrados, como teníamos carpas, nos fuimos a la Gruta del Indio, que allí había un *camping*, lejos de la ruta. Selva adentro vivía una familia alemana, dos niñas rubiecitas, y armamos la carpa sobre un césped que parecía un colchón. Fui al baño, había unos sapos tan grandes que no podía hacer pis; nos levantamos temprano, mientras dormía me despertó, algo como una gran víbora que se restregaba en la lona de la carpa, así que no pude dormir. A la mañana los niños jugaban en el agua con dos niñas bien rubias de su misma edad, Lucía con una araña seca que la sostenía de la patita. «¿Hay más, mami?», me decía.

Me mostraban que dentro de la cueva dormía muy cómoda su mascota, una víbora pitón, que se comía las ratas y las alimañas. Sobre la cueva caía una cascada de agua de un pequeño río, nos fuimos todos con las nenas a ver a los monos, había que seguir el río, y la víbora nos acompañaba dejando huecos redondos por los altos pastizales. Llegamos a otra cascada, y se escuchaban los monos, pero no podíamos acercarnos porque defecaban en sus manos y te la tiraban, así que mejor nos quedamos en la cascada. Se metieron al agua descalzos, a Franco le ingresó un parásito por el dedo gordo, tiempo después de una infección se lo pudimos sacar. Regresamos, pero los padres de las niñas no estaban; cuando volvieron, nos contaron que la señora fue a tender la ropa, no se dio cuenta de que había una serpiente venenosa y le mordió, la tuvo que llevar al hospital que dista unos cincuenta kilómetros, con los sapos en el baño. De noche la víbora se recostó otra vez en nuestra carpa, nos levantamos y tiramos todo en la camioneta furgón y subimos a los niños y nos fuimos a un pueblo cruzando la ruta. Cuando íbamos llegando hacia la entrada iluminada, los arañones se estallaban en el parabrisas, había millones por todos lados, di marcha atrás, seguimos hasta el dorado, había un hotel en la ruta y descansamos, estábamos más estresados que cuando salimos. Llegamos a casa dejamos la camioneta estacionada en la puerta, descansamos, comenzamos a bajar las cosas, ordenamos y tomamos mate en la cocina. Tenía unas sandalias puestas con tacones no muy altos, seis centímetros, sentí algo que me rozaba los talones, miré y había una serpiente enorme que se paseaba por la cocina rumbo a la habitación de lucía. Cada uno buscaba subirse arriba de la mesa, yo arriba de la silla a los gritos, Jorge se subió a la escalera y sacó la puerta de la habitación de Lucía, se la cruzó en la entrada, entonces la pobre víbora se asustó y tiró la puerta. Tenía como tres metros y unos ocho centímetros de grosor, tuve que darle con una pala y de tanto dar golpes al suelo se ampolló, pero la sacamos.

Tenía una empleada, pero la pesqué robándome de la caja, así que la despedí. Tomamos de empleada a Jovana, de nacionalidad boliviana, y a mi hermana mayor, que vivía pegada a nuestra casa, pero no resultó, ella quería irse con nosotros, para no tomar taxi, pero nuestros horarios eran complicados, cerrábamos y seguíamos con el trabajo hasta altas horas de la noche. Le presté dinero para que tuviera su propio negocio, una rotisería, y trabajara su esposo; nunca le reclamé su devolución.

Llegaron los quince años de la hija mayor y les compraron varios regalos caros a las dos niñas. Como no manejaba yo las cuentas bancarias, no sabía que estaban en rojo, Jorge me había vaciado las cuentas, él creyó que dándole dinero a su familia iba a ser perdonado por divorciarse. Ganábamos buen dinero, pero no podía ni siquiera pagar la luz el alquiler del local. Estaba cansada de trabajar horas y horas sin poder cubrir los gastos mínimos y él siempre en silencio, yo me cuestionaba por qué tenía que trabajar tanto, mientras su exmujer no trabajaba, y yo tenía que mantenerla.

¡INFIDELIDAD OTRA VEZ!

La empleada Jovana se rebelaba, muchas risas con Jorge y hasta le preparaba café. Le pedí que realizara sus tareas cotidianas, me tiró la escoba y me dijo: «Limpie usted». Como estaban los clientes no le dije nada. Franco estaba enfermo, lo tenían que operar, así que lo interné y lo operaron, esperaba que Jorge cerrara el negocio y viniera a ver a Franco, pero avisó de que no vendría porque tenía mucho trabajo. Al día siguiente vino Jorge y nos llevó directamente al negocio, los veía a los dos con muchas risas, hasta que los pesqué en el pasillo abrazados. Llamé a Jovana y la despedí, no le recriminé su relación con Jorge, pero me dijo: «¿Quién es usted para despedirme?», entonces le contesté: «La dueña». Se puso a llorar falsamente, cosa que odio, el teatrito barato, creyó que Jorge era el dueño, como siempre él solucionaba todo con el silencio, y no me dio ninguna explicación. El hijo mayor de Jorge, que no estaba de acuerdo con la conducta del padre, me dijo que había visto a Jorge en la costanera la noche que Franco estaba internado, y otros días bajo el puente.

Me siento como la rosa de *La bella y la bestia*, cada vez que Jorge me hiere es un pétalo que cae, estremeciéndose en el suelo dejando huellas que nunca serán borradas. Los pétalos no se pueden pegar a la rosa, así es el amor. La fe ilumina mi camino, es tan oscuro que a veces gana la desesperanza, la supervivencia yace inerte en el egoísmo en el mismo hombre, madre de nuestro existir, cómo lidiar con ello, hasta un alma pura puede ser vencida por esto, cómo lucha contra un mundo de caos creado por hombres en todo su género que no comprendió las enseñanzas de Jesús a pesar de su sacrificio, regresando a la era anterior de su nacimiento; somos ciegos, sordos y aún más imperfectos.

Mi hermana contrató de empleada a Jovana en su negocio, fue como un puñal que te clavan en la espalda, pero su negocio duró poco, así que lo tuvieron que cerrar. Continuamos construyendo nuestro hogar y trabajando en nuestro negocio. El padre de Jorge estaba muy enfermo de cáncer en los pulmones y los médicos lo habían desahuciado, estaba moribundo en el hospital; él quería vivir unos años más y se nos ocurrió llevarlo a la iglesia de Lourdes ubicada en Liniers. Cada vez que programábamos ir se complicaba por el trabajo o porque empeoraba la salud, pero él quería ir, a pesar de ser un día lluvioso y frío decidimos llevarlo, con su tubo de oxígeno, recuerdo que primero hablamos con el párroco y lo bendijo, luego, bajo la lluvia, todo mojado, pero con fe y esperanzas hicimos el ritual de las siete canillas, mojando su cabeza con el agua bendecida. Le prendimos las velas en su gruta y rezamos en la iglesia, pensé que esto lo mataría, pero la Virgen le concedió un milagro, su salud mejoro y vivió cuatro años más. Fue a nuestra casa un día, me abrazó y me dio las gracias, al poco tiempo se enfermó y murió en compañía de su amada y fiel esposa.

LOS FANTASMAS EN CASA QUINTA

Teníamos en el baño un armazón de una radio antigua, lo había adaptado con una varilla roscada y colocaba el papel sanitario, al padre le llamaba la atención, jugaba a rodarlo y hacía ruido peculiar. A los pocos días de fallecer, comenzó ese ruido, iba Jorge mirarlo y el rollo estaba quieto, se daba la vuelta y comenzada a girar, entonces de noche nos despertaba. Estábamos en nuestra habitación Jorge, Franco y yo, y un pájaro apareció sobre el tirante barnizado del techo de la habitación, defecó en el tirante, dio unas vueltas y traspasó la pared estando cerradas todas las ventanas y en la pared no había hueco alguno. La mancha blanca que dejó el pájaro nunca se fue a pesar de las duras limpiezas que he realizado. Yo me quedaba sola en el negocio toda la noche y escuchaba las chanclas arrastrando recorriendo el salón, se acercaba a mí, se quedaba a mi lado derecho por detrás y le decía: «Vaya a descansar, estaremos bien». Decidimos prender una velita y rezarle en casa para que encontrara el camino a la luz y cesaron los ruidos.

En la habitación de arriba nosotros, a las dos de la madrugada en punto, todos los días escuchábamos como una radio de frecuencia; se escuchaban voces, pero no sé qué decían. Luego se nos cayó una moneda en el centro de la cama y desapareció, lo repetíamos y ocurría lo mismo. Yo tenía un solo par de zapatillas, las dejaba al lado de la cama, entonces una mañana me quería calzar y faltaba una, no la encontré más, ese día tuve que ir en chanclas a trabajar. Con las llaves del auto igual, otras cosas las cambiaba de lugar, al principio se armaba un follón de culpables y distraídos, pero nos acostumbramos.

Jorge siempre decía que cuando regresaba de noche de trabajar y cruzaba el campo, sentía pasos que lo acompañaban;
otra noche se le aparecieron dos sombras negras como con capa
que se le acercaba, pero a medida que pasaba el tiempo, las
podíamos ver. Estaba mi hija en el auto por la mañana sentada
mirando un árbol y dijo que un chico con un buzo o suéter
color turquesa salía del árbol, y caminaba en el patio, cuando
regresó a introducirse dentro del árbol, la miró, se asustó y dio
un fuerte grito. Los vecinos nos preguntaban quién era el de la
capa amarilla que estaba siempre en el techo, ese fantasma se
hizo famoso y cuando los amigos de mis hijos venían lo veían
y salían corriendo. Estaba mi madre en el comedor mirando
al patio de las rosas y me dijo: «¿Quién es ese chico de turquesa?», le dije: «Mamá, es un fantasma, pero no hace nada». Este
fantasma ingresó dentro de la casa, Fran comenzó a seguirlo,
pensando que era yo, entró en el vestidor de su habitación y
desapareció. Fran pensando que yo entré en el vestidor, le habló,
abrió la puerta y me dijo: «Mamá, ¿dónde te metiste?», claro,
yo estaba detrás de él, y Fran dijo: «Mamá, estaba siguiendo al
fantasma pensando que eras vos». Tuvimos que cambiarlo a una
habitación en la planta alta, a la noche no lo dejaba dormir,
abría y cerraba la puerta del vestidor, hacía ruidos, lo molestaba.
Esa habitación no se usó más. Yo estaba yendo con la ropa a la
habitación de Fran y vi al fantasma, pero antes de ingresar me
miró con un gesto burlón, me dieron escalofríos y se metió en el
vestidor. Otro día, estaba limpiando el piso, me agarró del cuello, levantándome, hasta apretarme contra la pared, me estaba
ahorcando. Jorge me decía que no había nada, y el fantasma me
soltó, pero no podía hablar del dolor, esto me ocurrió dos veces.
Había venido mi sobrino, estaban los primos en la cocina y
Jorge mirando la tele, yo estaba limpiando la heladera y lavando
los estantes de vidrios, uno de esos estantes de vidrio, Jorge lo
colocó sobre el extractor de aire de la cocina y tenía un trapo del

piso en el suelo, el vidrio se elevó, se movió lentamente hasta mi garganta, se quedó unos segundos suspendido, se movió unos centímetros hacia atrás y se estalló con fuerza sobre el trapo del piso, ante la mirada de todos. Un día dejamos a la hija de Jorge con sus amigos a dormir, y al pasar un día, dijeron que estaban sentados en la escalera que daba al patio de las piletas y vino el chico fantasma del suéter turquesa, se sentó al lado y los miró, se asustaron mucho y se fueron de la casa. Tenía que subirme a una escalera bastante alta para pintar el techo de mi oficina, de una sola hoja, la apoyé en la pared, comencé el trabajo y una fuerza extraña comenzó a mover la escalera. Se me cayó el balde de la pintura, y luego estando yo arriba abrazada a la escalera la azoté hacia delante y me estampé contra el piso; *qué dolor*, me quebré la muñeca. Estábamos de mucha charla en mi habitación con mi hija ya grande y me dijo: «Mamá, fíjate despacito, está sentado un enano con ojos rojos a tu lado, hoy lo he visto que me seguía». Cuando tuvo el accidente la hija de Jorge ella decía que la seguía el enano de ojos rojos, y que en la escuela le tiraba el pelo. Estaba dentro del auto con Fran en brazos, estacionados en una calle principal de la ciudad, Jorge bajó del auto para hacer un mandado, el auto comenzó a hamacarse muy fuerte, pensé que alguien lo hacía desde la parte de atrás, quise bajarme y no pude; se hamacaba más, no había nadie, nadie, ni siquiera un auto atrás. Estábamos acostumbrados a los fantasmas, pero alguno se puso agresivo conmigo, comenzamos a buscar personas que decían que los espantaban, pasaron más de diez, pero nos sacaban la plata con los hechizos. Hasta que vino una señora que me enseñó a sacarlos de forma muy sencilla, y no me cobró nada; eran trece, algunos buenos y otros malos, se fueron y no tuve más problemas. Gracias, doña Carmen, que los espantó en el año 2013 más o menos.

MI TEORÍA DE LO SENSORIAL
FUNDADA EN MI EXPERIENCIA

Estas experiencias raras me confundían, por un lado estudié Derecho romano, me basaba en las pruebas físicas fundadas, con respeto a Jesús; él era un hombre que enseñaba normas sociales al caos desorganizado de la conducta del hombre, infundir miedo a través de un ser superior, porque el hombre necesita el rigor para acatarlas; por otro lado, de tanto verlo y escucharlo, concederme cientos de milagros, sé de su existencia, pienso que hay muchas dimensiones; en la primera estamos nosotros, los hombres vivos; en la segunda, los que fallecen y conservan su personalidad, solo se desprendieron del cuerpo, no quieren desprenderse del mundo terrenal y no encuentran o no quieren ir a la tercer dimensión, que es el descanso, y dejan totalmente de comunicarse con los hombres de la Tierra, y Jesús y Dios están en la última dimensión, la conexión es a través de la luz.

Las brujerías molestan a los hombres que están en la segunda dimensión y bajan a la de los vivos. Creo que es la misma situación de las personas que tenemos una muerte y nos resucitan, podemos escuchar, ver, tenemos conciencia, solo que no tenemos el peso del cuerpo, no sentimos dolor, entonces, en vez de resucitarnos, nos quedamos allí, en la segunda dimensión, que es la muerte del cuerpo. ¿Por qué la magia negra es muy mala? Porque llaman a personas que en vida han sido malas. Todas las personas que invocan a estos entes para que hagan un daño también harán daño a quienes los invoquen, porque estarán presentes, yendo de casa en casa, porque no descansan. Tenemos que sumar que no todo nuestro cerebro es usado. Esta técnica de telepatía y sensibilidad de ver fantasmas, por así decirlo, la he desarrollado y usado muchas veces, pero nunca aprendí ni a controlarla ni a usarla libremente, solo en momentos especiales, con el paso del tiempo y las ocupaciones la perdí. Actualmente las cicatrices de los ictus dejaron mi cerebro como un colador, tengo inflamado el cerebro con muy poco surco entre el hueso y la masa del cerebro. No entiendo mucho de medicina, solo sé que estoy más burra que nunca, me cuesta muchísimo encontrar las palabras y escribir; gasté el corrector ortográfico para escribir estas memorias. Esta es una conclusión con pruebas físicas, estudiando mi caso.

La familia de Jorge entró en este juego, sufriendo pérdidas hasta de una vida, y casi pierde a mi hijo más pequeño. Nosotros nos apoyamos en la fe, en Dios, que es la esperanza, en el bien, y hemos recibido milagros. A pesar de las adversidades, mi familia está unida, nos queremos y seguimos teniendo esperanza. La familia de Jorge tiene mala suerte, están enojados, llenos de odio, desorientados, su única solución es que recapaciten y se curen pidiéndole perdón a Dios, pero tiene que ser de corazón, significar un verdadero sentimiento de arrepentimiento, convirtiendo la maldad en amor; esto no sirve, si es falso, y sé que es difícil.

Dejé de tener estas experiencias o comunicaciones con Jesús y Dios, a pesar de haber estado en terapia por los ictus, pero cada vez que necesito solucionar un problema grave, le hablo a Dios y poco a poco se soluciona. Me ha pasado que me he quedado sin un alimento en varias oportunidades y he dicho «Dios quiera que me den leche en la plaza donde dan alimentos que pertenecen a una asociación voluntariados de reparto de alimentos», y me la han dado, es una tontería. Hace tiempo me concedió un milagro que era casi imposible.

Con respeto a los extraterrestres que son terrestres, es cuestión de tiempo que se aclare el problema, son las distancias que tienen esta galaxia, a medida que avance la tecnología, estaremos menos atrasados, aunque la diferencia es más de cincuenta años. Es muy polémico el tema, muchos dirán «Está loca esta señora», puede ser, pero muerta, he visto caer el bolígrafo de la doctora, le he dicho dónde estaba y muchas experiencias más. Algo pasó. Espero que, si se publica este libro, pueda escuchar sus opiniones para poder aclarar mi mente o confundirme más.

Zárate era una ciudad tranquila, pero comenzaron los robos de niños. Una tarde visitando a mi mamá a trescientos metros de nuestra casa, al regreso, Lu corría delante de mí, un auto paró la marcha e intentó llevársela, corrí y la sujeté tan fuerte que no pudieron llevarla. Siempre íbamos a llevar y recoger a los niños a la escuela, nunca los dejamos solos, el colegio era privado, donde iban tomaban precauciones sobre el robo o secuestro de niños y nos los entregaban en persona. Fue así como conocí al futuro corrupto fiscal, padre de un compañero de Fran, lo invitamos al festejo de su cumple, tenía un autito muy viejo, un traje gastado, saludaba con la mirada tímida y baja. En nuestra ciudad se creó una comisaría llamada *departamental* para combatir la delincuencia dado que la corrupción en las comisarías era un tema cotidiano.

COMIENZO DE LA GUERRA DE LA CORRUPCIÓN HACIA NUESTRA FAMILIA Y FUTURO ASILO

Como era una diseñadora gráfica muy conocida y respetada, en nombre de la *Comisaría Departamental*, un oficial me solicitó hacer el mapa de delitos complejos narcotráficos y trata de personas. Marcaba las direcciones de los allanamientos y otros datos importantes, sin saber los peligros que atraía esta información sensible hacia nuestra familia. El oficial a cargo era muy desconfiado, muy observador y buen policía, ganamos su confianza y su jefe pidió conocer a Jorge, entonces lo puso como colaborador. Como eran desconocedores de la ciudad necesitaban que los acompañaran a estudiar la zona y los puntos de allanamientos; funcionaba muy bien, pero afectaba a las arcas de los funcionarios policiales corruptos y estos tomaron represalias hacia nuestra familia. Se realizaban muchísimos allanamientos con resultado positivo, la ciudad había mejorado, estaban más controlados los robos, pero estaba de auge la trata de personas, eran secuestradas, muchas de ellas menores de edad. Salvamos a diecisiete chicas, pero la última se complicó, era una menor, compañera de estudios de una de las hijas de Jorge, me pidieron que interviniera, sabían dónde estaba, pero era un barrio tomado por el narcotráfico, le pedí ayuda a un funcionario, al ministro de la Seguridad, estudiábamos en la misma universidad de Derecho, envió a su equipo, para extraer a la niña, eran funcionarios de alto rango. El buen policía encabezaba la maniobra apoyada por policías de otra fuerza, habíamos programado rodear la villa, pero en el último momento dieron orden de arriba de ingresar solo al pasillo y localizar la casa donde estaba la niña y sacarla, no se tocaba a los narcos. Así fue, pero al ver tanta fuerza policial, estos comenzaron a salir de sus guaridas corriendo hacia el campo, tiraron cinco misiles, dos de ellos activados, que se tuvieron que explotar en el lugar. La niña la recibí sana y salva, pero la habían embarazado, estaba muy asustada. La familia buscó un lugar para esconderla, ellos decían que la iban a buscar y matar. Fue así que la llevé a un lugar seguro, le llevaba alimentos, ropa, cuidaba de ella, pero yo la ponía en peligro por si me seguían, así no la vi más. La cabecilla de la organización criminal era una fiscal corrupta, que se me apareció en mi casa con una orden de allanamiento ilegal, por unos electrodomésticos robados, sabiendo lo que quería, la acompañé amablemente a requisar mi casa, le mostré las televisiones, le ofrecía las facturas, pero no me escuchaba, solo miró los ambientes, salió al patio de las piscinas, le pregunte qué es lo que quería y mirando al suelo, me dijo: «Vos sabés lo que quiero», le dije que dejara de molestarme, que no tenía miedo y que seguiría haciendo las denuncias como correspondía hasta la última instancia, así tuviera que llegar a la Corte Internacional. Contestó: «Tendrás que atenerte a las consecuencias. Vos no me conocés», le dije: «Sé perfectamente quién eres y qué haces». Se fue.

Comenzó una guerra de balazos en la casa. Estábamos en el comedor, sentimos muchas explosiones, estalló el vidrio del medio sol de la ventana del frente, le despeinó los rulos a Jorge y la bala estalló la puerta corredera que daba a la cocina. Como tenemos un muro de más de tres metros, y la puerta y el portón los hicimos blindados, las balas habían quedado soldadas. Nos pusieron custodias. Una mañana que me encontraba sola, porque Jorge y mi hijo tenían que salir de la casa, Jorge le preguntó al custodio si necesitaba usar el baño, este le dijo que no. A los pocos minutos el custodio comisario tocó el timbre y dijo que necesitaba pasar al baño, dejé la puerta abierta y mi perro Dogo, nervioso, se quedó sentado obstruyendo la salida, este policía no ingresó al baño; observó la casa y me colocó el revólver en la cabeza, me dijo: «Dame las pruebas o te vuelo de un tiro la cabeza». Yo no me asusté y pacientemente le dije que no tenía documentación alguna ya que fueron entregadas a Casación penal, departamento de los Derechos Humanos para hacer las denuncias correspondientes. Al apuntar su arma en mi cabeza, el perro ingresó y, mordiéndole su pie, lo arrastró hasta fuera y el policía me pidió por favor que le ordenara al perro que lo soltara, le dije: «Salga inmediatamente de la casa y el perro lo soltará». Así fue que pude librarme del custodio. Cuando vino Jorge, vio que la custodia no estaba y le relaté lo sucedido.

A un buen policía, por cumplir con sus obligaciones correctamente a los años, lo enviaron a un pueblo pequeño, nosotros le hacíamos bromas como «Te mandaron a cuidar vacas en el campo»; es muy querido, se jubiló con el más alto rango. No les he regresado a la niña a sus captores, nació su hijo y me lo llevó para conocerlo, a pesar de este hecho, las represalias por no devolverla a sus captores, funcionarios corruptos, *han sido que lo he perdido todo, y todo es todo; la familia, el patrimonio mi trabajo y mi libertad*. Y es el motivo por el que me encuentro con protección internacional, en España, y no me arrepiento porque es lo correcto, lo humano.

Continúo con hechos que ocurrieron antes de lo relatado en el párrafo anterior. En el año 2004, estábamos pintando la casa, habíamos contratado a Lucas, mayor de edad. Fran tenía doce años, lo ayudaba no sé si a pintar o hacer enchastres. Fueron en la moto a la ferretería la Luci, en su camino fueron interceptados violentamente por una patrulla, con armas largas los tiraron al suelo y se llevaron a Fran y dejaron a Lucas con su moto. En su desesperación siguió al patrullero en el que se encontraba Fran hasta una casa de la calle Moreno, y regresó a nuestra casa a contarnos lo sucedido, que sin motivo ni explicación se habían llevado a Fran a una casa. Lucas nos indicó el lugar y estaba seguro de que era una patrulla y que ingresaron por el garaje. Efectivamente, era la comisaría de antidrogas peligrosas, ingresamos solo Jorge y yo, preguntamos por qué habían detenido a Fran, negaron su detención, incluso dijeron que ellos no podían detener a menores. Ante mi insistencia y luego mis gritos de que me devolvieran a mi hijo, vino el comisario Rodríguez negando esta situación y escuché una vocecita: «Mamá, mamá, ¡estoy acá, estoy acá!». El comisario se fue a su oficina con Ferreyra y otros, al rato salió y nos dijo que fue un error, que esperáramos para se lo llevaran al hospital y revisaran que estaba bien. Se disculpó diciendo que hacía dos días que estaba en esa comisaría y no conocía a su personal, le pidió a Jorge que lo acompañara, sé que subieron a su coche a conversar para que no hiciera denuncia. A recorrer cajeros para pagar su rescate, nos lo entregaron de noche, no realizamos la denuncia por amenazas de represalias, Lucas dejó el trabajo y se fue de la ciudad y no regresó nunca más. Jorge no me dijo de lo que habló con el comisario Rodríguez y los futuros pagos por el secuestro. Teníamos muchas deudas, tuvimos que mudarnos a un local más pequeño, en una calle no comercial, por lo que perdimos a los clientes más importantes y la camioneta nueva por no poder pagar dos cuotas, a cambio, nos dieron un autito viejo. La comisaría departamental cerraba sus puertas en todas las ciudades y regresaba el mismo sistema, nuestro amigo oficial era para ese entonces subcomisario, lo trasladaron a la Comisaría Zárate 1°. Era muy severo, pero no podía con el sistema corrupto de tantos años y no era aceptado por estos. Se creó la primera fiscalía de Zárate-Campana siendo su fiscal el joven doctor que conocí en la escuela donde estudiaban mis hijos, el que mencioné en relato anterior. Junto con sus ayudantes la fiscal qué me realizo el allanamiento ilegal y la que me pidió que le regresara la última niña secuestrada.

Estudiaba Derecho en el año 2005. Me gustaba, pero el trabajo y las presiones no me dejaron seguir. Nuestra casa estaba situada en el medio de un campo, una parte era de un banco que no existía y la parte de más adelante era de una familia que lo había abandonado en el año 1932. Usucapimos formalizando los trámites en el juzgado. La gente humilde de alrededor también formaba barrio, de personas trabajadoras, hasta que el presidente Duhalde trajo a la Villa 32, conformada por delincuentes que habían soltado por no poder tenerlos en prisión. Vinieron con sus familias y comenzó a ser Zárate una de las ciudades más peligrosas, sumando la inauguración del puerto internacional y el inicio de la era del narcotráfico en gran escala. El negocio de la corrupción se organizaba con el abogado mediador que llamaban los policías cuando había un detenido en dos horas pagabas o pasaba a la fiscalía, fueras o no inocente. La policía se encargaba de ponerte algún elemento incriminatorio, otra opción era trabajar para ellos cometiendo delitos. Por los problemas económicos, las persecuciones, decidimos reducir el negocio.

NEGOCIO EN LA BROWN

Mientras tanto seguíamos con el nuevo negocio, hicimos reformas porque el local estaba abandonado, y tuvimos que hacer todos los trabajos nosotros, el presupuesto no alcanzaba para pagar mano de obra, una gran juguetería. El centro de copiado el estampado de ropa quedó bonito, pero los problemas acechaban, en los días de lluvia se inundaba, los suelos eran más bajos y no tenían salida del agua, quedando la mercadería arruinada, sumando pérdidas y pérdidas. Compramos una camioneta para transporte de personas y comenzamos a trabajar con la empresa Hera Ailinco. Cerramos este negocio y lo trasladamos a un local mucho más pequeño.

Negocio frente al correo

El negocio lo cerramos y nos mudamos a uno muy pequeño, solo con el centro de copiado, estampado y dos cabinas telefónicas, ubicado frente al correo y municipio. Teníamos los clientes habituales, pero hablaré de los especiales. Un sábado en la hora de cierre, hacia la una del mediodía, cuando bajábamos las persianas, nos interrumpió un grupo de militares de Estados Unidos de la isla Mazaruca, todos embarrados y de mala manera me obligaron a diseñar unos certificados de cursos abalados por militares de los Estados Unidos. Nosotros, los zarateños, no sabíamos que había una base militar de ese país en la isla que entrena a militares argentinos.

Otro cliente habitual era un estudiante de Derecho y se llamaba Marcelo, lo conocía de la Universidad de Derecho, ya que había retornado a mis estudios de abogada. Esta persona era conversadora, se hacía el simpático, jugaba con Fran, tenía dificultades para terminar la carrera, así que lo preparé las asignaturas de Derecho romano y Derecho penal. Tardó como diez años en recibirse, le copié una copia de su título. Al mismo tiempo, tenía una cliente, una señora mayor, de la que me hice amiga, ella vivía sola su hermana en Europa. Estaba sin familia, hacía unas fotocopias de su documento o me pedía que mirara el trámite de jubilación por internet, pero era una excusa para conversar, sentía su amor a través de su abrazo, un beso. No sé por qué yo también sentía mucho amor por esa señora mayor de más de ochenta años, elegante, educada, vestida de ropa de clase antigua como sacada de un cuento. Dejó de venir, y al tiempo me contó este mal abogado que era su cliente, como no tenía parientes dice que le dejó la casa, situación rara, y no sé de qué murió la señora. Su casa fue ocupada por el abogado Marcelo aprovechándose de la débil viejita en su situación de vulnerabilidad, al poco tiempo este abogado instaló un lavadero de autos y vivió allí.

Mi amiga la Dra. Paula Díaz, hematóloga, cuidaba y atendía en sus horas libres a los soldados de Malvinas, escuchaba sus experiencias y curaba una enfermedad de la piel, soriasis, que le provocó el estrés de la guerra. Contaba que los regalos que la gente hizo para ellos no les llegaron, como los chocolates y las cartas. Morían de hambre y frío en las trincheras, otra vez un Estado corrupto que envió a morir a nuestros pequeños hijos de dieciocho años, sin experiencia y sin sentido bélico. Lo argentinos nos caracterizamos por ser pasivos, imaginar a un soldado matando a otra persona, lo máximo que pueden hacer es convidarles con un mate a un inglés y muchos se han salvado por hacerse amigos, carteándose hasta hoy. Conversaba mucho con ella, yo le tipeaba un borrador de su libro llamado *PIES DESCAZOS*. Era una mujer llena de amor por el desprotegido, por el sufrido, Dios está a tu lado hoy. Te fuiste una mañana, sin pensar que no ibas a terminar tu libro, sin despedirte de tus amigos, se fue tu vida en ese accidente camino al hospital para trabajar, un choque que no se entiende. Son muchas las personas que te necesitaban, solo Dios sabe por qué te llevó. Siempre, siempre estarás en mi corazón, junto con tu libro.

Los clientes avaros de poder se hacen presentes en el negocio. Contaré cómo conocí al intendente actual desde hace mucho tiempo. Junto con su amigo, venían a hacer fotocopias y folletos en su campaña política, candidato a intendente. Ya siendo recientemente intendente, vieron los dos con unos documentos de presupuestos aprobados para realizar viviendas, estaban sonrientes, amables, como amigos y cómplices de vida, me pidió un trabajito «bien fácil», así me dijo. Lo escuché, dijo que solo era cambiar la cifra, agregar unos ceros, que ese presupuesto estaba aprobado. Esos ceros se convertían en una suma multimillonaria, falsificar un documento público, estafar al Estado, así le dije que NO, más un buen sermón de una loca estresada como yo, delante de todos los clientes presentes. Se fueron con la cola agachada, pero de cara dura envió a su empleado Martín, con el cuento de que le enseñara cómo hacerlo. A él le expresé cuál es mi política, mi pensamiento, mi conducta y el respeto que merece el Estado argentino, que nos pertenece a todos.

Todos los trabajos que realicé para la Municipalidad nunca más me los pagaron, a pesar de hacer mil reclamos. Pasaron muchos años y nos encontramos con Martín, la política no le sentó bien, estaba sin trabajo y desequilibrado mentalmente. No me gusta el trabajo de la atención al público, por mi personalidad, me involucro sentimentalmente y sufro mucho, por eso me alejo de las personas y vivo aislada, de todos. Los pedidos de coima eran continuos, policía, se sumaba prefectura, el municipio no nos pagaba, mis hijos habían dejado las escuelas privadas, iban al colegio público, no podía comprarme los apuntes para estudiar Derecho. A pesar de ser becada toda la carrera, tuve que dejar de estudiar, los robos al negocio eran cotidianos. En el último robo, entró un hombre masculino, se puso a mi lado apuntándome con una pistola en las costillas, atendía al público y le entregaba el dinero, había un policía conocido que estaba afuera que se asomaba. Llegó Jorge y el policía le dijo: «No entres, que hay un ladrón apuntándole a la señora», Jorge le dijo: «Es mi mujer». Entró, el policía lo detuvo al ladrón, nos dijo que fuéramos a la comisaría a hacer la denuncia, estuvimos más de dos horas, entonces dijeron los oficiales de guardia que, si hacía la denuncia, el ladrón iba a hacer una denuncia y demanda para sacarnos dinero. Lo dejaron en libertad, vino al negocio y nos amenazó con que él pagaba para robar tranquilo.

Estaban de moda las cremas con baba de caracol, así que emprendí con este nuevo negocio, estudié en la capital, en una empresa de cosméticos y química. El preparado funcionaba muy bien, la mezcla de yerbas medicinales mezclada con la baba de caracol y un conductor de base de crema, realmente daba resultado, las estrías en la piel desaparecían, logré realizar los análisis para la venta por internet, se vendía bien, pero con el primer tratamiento la piel se regeneraba y el cliente ya no compraba, pero lo recomendaban y así vendía. Vendí en Alemania, quienes vinieron al solo efecto de que les regalara la fórmula, por supuesto no se la di. El problema que tuve con este negocio es que los vecinos se enteraron y eran muy pobres, entonces se las regalaba. Los más asiduos eran por la enfermedad de soriasis, con un bote de cincuenta gramos recuperaban la piel, ya no se rascaban más, pero los insumos eran muy costosos, y dejé de fabricar las cremas. Quiero relatar sobre un joven que se había quemado la cara y tenía una cicatriz enorme, le decían de sobrenombre «culito», le regalé el tratamiento y se recuperó muy bien, actualmente me pasa mensajes de WhatsApp, siempre me agradece, ese es mi mayor premio.

Instalamos una remisería en casa, y Jorge manejaba nuestro auto de remís. Un pasajero le regaló un perro dogo argentino,

Jak, era un dogo trucho, ja, ja. Un día fui a ver los caracoles y el perro me acompañaba, de repente me tiró al suelo y se escuchó un ruido, pensé que los chicos traviesos estaban jugando con las hondas, pero eran disparos con una carabina hacia mí. Mientras caían los perdigones en el techo de la galería, miré el agujero que traspasaba mi vestido. En línea recta a lo lejos en una casa en construcción se encontraban dos muchachos que me disparaban en venganza de un robo y secuestro en la casa de mis padres, que los detuvimos con Jorge ante un aviso telefónico de un vecino. La policía los arrestó, pero quedaron libres, ya que trabajaban para la comisaría. Era un buen perro, cuidaba la quinta, pero me lo robaron, nunca más lo vi. Después de esta experiencia, buscábamos de tener otro perro dogo, y aquí viene la gran historia del gran y amado Matute.

MIS AMADAS MASCOTAS, MATUTE CAYCUL DEL AYNABAL, EL GRAN PERRO, LA YEGUA PETISA VALLI, PERRA DOGA LA GUAYNA DE LA BAYANCA Y SU CACHORRO AUCA

Teníamos una petisa una yegua reloca, la llamábamos la Valli, la compramos para que los chicos la montaran y pasearan, pero ella no quería, se empacaba, pero cuando ella quería les daba una vueltita por el campo. Tenía su propio corral muy bien armado, pero se paseaba por todos lados, me acompañaba a tender la ropa y cuando dejaba de hablarle me tiraba unos buenos mordiscones en mi culete, ja, ja, ja. Si me iba a la cocina, ella también, y me robaba el pan o las manzanas. Le gustaba que le cepillaran sus clinas largas y su gran panza, que no era de comer. Ella se escapaba y se iba a buscar a su novio, y qué novio, un caballo grande de color negro todo brioso y ella una gorda petisa de color té con leche. Quedó preñada y nació una potranca de tamaño grande rojiza con la mancha blanca en su frente.

Coordinamos con un criadero de dogos y cuidábamos de una perra llamada Navata, con la condición de que nos quedábamos con un perrito. Hicimos una perrera de lujo con una habitación perruna, una estufa colgaba del techo de un metro ochenta de alto y unos ocho metros cuadrados, un patio a cielo abierto, con puerta segura.

Una noche de invierno hacía un frío que pelaba, la Navata comenzó un trabajo de parto muy difícil, preparé su cama y me senté a su lado en un cubo de plástico, acariciándola y dándole todo el amor que mi alma tenía. Jorge, con su experiencia de sanitario, uno a uno fue sacándolos de su interior, hasta que el último no respiraba, le realizó reanimación y respiración hasta que comenzó a respirar muy débil, lo cubrimos con unas sábanas, me lo llevé a mi habitación, así que lo cuidé y lo alimenté hasta que tuvo más fuerzas y lo puse en la teta de la madre. A los pocos días fue grande la sorpresa, era el más chiquitín, hociqueaba y les quitaba la teta a los hermanitos. A medida que crecía era más pendenciero y peleaba con sus hermanos, a los tres meses se fueron los hermanos, yo me quedé con este chiquitín, lo llamamos Matute, quien robó mi corazón. Las hermanas fueron vendidas a Europa y a una empresa de alimentos para perros muy conocida. Tengo una portada de la foto de Martina. Matute fue creciendo y comenzaron los conflictos familiares perrunos, la madre lo retaba y le daba hocicazos y palizas, hasta que creció. Matute era un cachorro. Matute fue creciendo junto a mis hijos, practicaban competencias de natación, ya que les gustaba a todos el agua, en una piscina semiolímpica de dos metros con ochenta en lo más profundo. El que más jugaba era mi hijo Fran, se tiraban los dos a ver quién llegaba primero, y cuando Matute, con un flotador en la boca, se adelantaba, lo miraba de reojo a Franco y lo esperaba dejándolo que ganara. Les tomé una foto.

La hermana de Franco, que tiene un sobrepeso importante, se tiraba al agua y hacía como que se ahogaba, Matute, desesperado, nos miraba y se tiraba para agarrar a la niña de la ropa tratando de llevarla a la parte profunda. Como el perro tenía siete meses, se hundía, levantando su cabecita y su peculiar revoleo de ojitos. Trataba de salir, pero los niños se reían y a mí me apenaba porque sentía el sufrimiento y la desesperación de Matu, los retaba y yo trataba de explicar a un perro que era una broma, que estaban jugando, ja, ja, ja.

En una tarde de verano estábamos reunidas mis dos hermanas con sus hijos, en la galería cercana a la piscina grande, estábamos cuchicheando, hablando como loros, mate de por medio, y los niños tirándose a la pileta, carrerita y grandes zambullones. Mi sobrino de cuatro años, imitando a los primos se tiró en la parte onda sin poder salir del fondo, Matute nos miró y se lanzó al agua, lo sacó de los pelos de lo profundo y ahí lo sacamos nosotros. En la mirada profunda de Matute había algo especial, son muchas las hazañas, relataré las más relevantes.

Matute siempre durmió afuera, ningún animal dejamos que duerma en el interior de la casa. Tenemos amplios ventanales en mi habitación y la cocina, donde él se tumba y nos escucha, se hace el dormido. Habíamos contratado a unos albañiles para que terminaran mi habitación, antes de ir al negocio conversábamos, con mate en mano con Jorge mi esposo que los albañiles no avanzaban nada y que se la pasaban tomando mate, era habitual que por tanto trabajo nosotros no regresáramos a nuestra casa hasta la noche tarde y dormíamos en lo que es hoy la oficina y estábamos incómodos, obvio. Matute estaba cerca de nosotros escuchando nuestras conversaciones, habíamos tenido quejas de que el perro les quitaba los panecillos y se los revolcaba en el pasto. Cuando llegábamos, abríamos la puerta y Matute estaba agitado, entraba y salía ladrando hacia el segundo piso y la escalera de trabajo, como que me decía que los albañiles ingresaban al primer piso con la escalera, ya que todavía no habíamos hecho la escalera para subir al segundo piso. Al día siguiente, nos picó la curiosidad, al mediodía cerramos el negocio y fuimos a ver la obra, yo estaba vestida con mi típico trajecito negro, de falda, saco manga tres cuartos, camisa blanca y zapatos de taquito, fui por la escalera de atrás, subí a la terraza del balcón, ingresé en mi futura habitación por la puerta balcón de dos metros de ancho, y ahí estaban los albañiles tomando mate. Miré y había colocado mal la puerta de ingreso a la habitación y la puerta del baño en *suite*, me dio una bronca, ya que les decía que estaba fuera de escuadra y torcida, pero me retrucaban que no. Así que las agarré con mis hermosas manos y las arranqué de cuajo tirando media pared. Entre la discusión, nos relataron que el perro les había agarrado el paquete de yerba mate, que lo corrieron por el patio y les había desparramado la yerba, que agarraron la pala y le golpearon la cabeza. Busqué a Matute y tenía un gran golpe en la cabeza, me saqué y eché a los albañiles. Terminé yo la habitación los fines de semana.

Como tenemos una isla en el río Paraná, nos escapábamos un rato con Fran a la isla del Rancho Azul a pescar y comer un asadito. Como hubo inundaciones, sin querer trajimos en una almohada una araña venenosa, Franco se recostaba en un sillón con la almohada de piño en las rodillas y le picó en la ingle, entonces comenzó a tener una fiebre altísima, lo llevamos de urgencia al hospital, pero los antibióticos no funcionaban y estaba agravándose más. Los médicos no encontraban solución y si la infección tomaba los ganglios, sería imparable. Jorge había trabajado muchos años y lo conocían muy bien, habló con la médica y pidió una comunicación con el Hospital Muñiz, donde eran especialistas en veneno, les explicó los síntomas y enviaron por helicóptero un suero y antibióticos especiales que funcionaron y Franco se recuperó. A los pocos días Jorge y yo sentimos unos pinchazos en el cuello, la sangre se convertía en cristal, sudamos la gota gorda, tuvimos que fumigar y encontramos muertas dos arañas pequeñas.

Terminé la habitación y el baño, el vestidor de dos pisos y la decoración de la habitación, la cama está hecha con paredes de ladrillo piedra y encima una losa donde se tumba el colchón, así aguanta bien y evitamos que se moviera, ja, ja, ja. Las mesitas de luz también con el ladrillo piedra, al igual que la pared entre la habitación y el vestidor. El techo era en caída y la parte alta tendría seis metros, por eso el vestidor tenía una escalera de madera para subir al a otro vestidor. Tenía una ventana balcón grande de dos metros de ancho que daba al patio, anteponiéndose una terraza que comunicaba a la zona de piscina con una escalera.

Sigo contando las travesuras de Matute.

Los dos hermanos estaban discutiendo, y la mayor tenía a Franco del cuello contra la pared, Matute se les acercó y lloró, saltó, se inquietó y como no dejaban de pelearse, aplicó un choque de hocico, y un gran ladrido, que seguramente mi hija le contestó con otro gruñido. A los días Matute le robó una sandalia a la niña que tenía que salir de fiesta, la buscó rincón por rincón y no la encontró hasta hace un par de años. Vino de vacaciones y estando ella sentada en el borde de la pileta, le entregó la sandalia toda baboseada, embarrada y vieja por estar enterrada.

Mi hija tuvo la genial idea de traer un conejo negro, lo tenía de casero en la habitación, lo sacaba al patio y el conejo se paseaba como un duque, ante la mirada atenta de don Matute, quien simulaba cuidarlo, mirándolo de reojo, agazapado, en la espesura del césped verde y cuidado. Advertí a mi hija que en un descuido el perro lo podía matar, ya que es un cazador nato, y que en la habitación no lo podía tener, así tuvo la genial idea de armarle la cucha en el canil de Matute, si bien no lo usaba, pero era de él. El esfuerzo de hacer un fortín fue en vano. Matute se las ingenió y mató el conejo, veíamos que tenía una actitud rara, me miraba y agachaba la cabeza, hasta que Fran me dijo: «Vi a Matute que mató al conejo y no tiene cabeza, anda buscando dónde esconderlo». Lo seguí para ver qué hacía y vi que se iba al invernadero criadero de caracoles, tenía sembrada acelga y la tierra estaba húmeda y blanda. Me asomé y lo vi escarbando y tapando la cabeza del conejo, me observó y miró los pelos de la cabeza del conejo que sobresalían de la tierra. Con su manito blanca, las pezuñas sucias, acarició suavemente las hojas de las acelgas posándolas sobre la cabeza, tapándola; me miró, revoleando los ojos, como diciéndome «Fue sin querer, mamá», logrando que las hojas quedaran agachadas ante mi voz fuerte: «¿Qué hiciste, Matute?», se fue con la cola agachada y se escondió por unos días, ¡hasta que a mami se le pasara el enojo!

Teníamos una oveja, yo estaba cansada de cortar el pasto, y de tanto y tanto reclamar me consiguieron una oveja vieja y era mala La oveja atrevida peleaba con Matute, entonces Jorge lo ató tranquilo, yacía tumbado, pero la oveja, pasaba por delante, iba y venía, los molestaba, él se hacía el dormido y aun así la oveja, reatrevida, corría, lo saltaba, de lado a lado, tanto jodió la oveja, que, en una, le arrancó la oreja, así que la oveja por arte de magia se escapó y la adoptaron unos vecinos.

Estábamos en la cocina Jorge y yo desayunando, Matute estaba recostado en el ventanal, yo andaba reclamando que las palomas ensuciaban la piscina, que no me dejaban dormir porque caminaban en el techo de chapa. Al otro día encontramos en la puerta de entrada cuatro palomas muertas en filitas. Siguió el tema de las palomas y volvimos a encontrar diez palomas muertas, en filita, en la terraza junto a la puerta balcón. Es como que él entendía todo lo que hablábamos; cuando rezongaba que los gatos rompían la paja del quincho o que ensuciaban, él me dejaba de dos a cuatro gatos muertos en la puerta.

Teníamos a Guayna, la hicimos servir y nacieron los cachorritos, Auca, Huma y Renzo, y dos cachorros más. El parto fue en el lavadero, también muy difícil, y quedó un perrito sin nacer. Jorge, que se levantaba más temprano, la fue a ver y le ayudó a nacer, escuché un gemido y dije: «Nació mi perrito». Hermoso, con unas bolitas de nieve desparramadas en el verde del patio. A los pocos días se enfermaron muy graves y murieron dos del virus de las palomas. Tuve que montar una clínica en la cocina y tenerlos con sueros, Huma y Renzo se curaron más rápido, pero Auca estaba muy grave, toda su panza era negra, se había necrosado y poco a poco, se le iba sacando la piel muerta, hasta quedar toda su panza sin piel. Él se quedaba quietito, no se sacaba el suero; sobrevivió, pero le quedó una enorme cicatriz que causaba grandes infecciones y el veterinario le reconstruyó su pene como pudo. Los otros dos cachorritos murieron, a Huma la regalé a mi hermana, y a Renzo a los hijos de Jorge. Matute murió, cogió la enfermedad de los virus de las palomas, el vecino le tiraba las palomas muertas y él se las comía, Jorge y yo lloramos a su lado desconsoladamente ante su último suspiro y murió en el año 2013.

Habían pasado muchos años y tenía una lamparita en el gigante comedor, buscaba y buscaba, pero no encontraba algo que me gustara, entonces encontré en internet la araña de veintidós luces, el problema que se encontraba en Mar del Plata, a seiscientos kilómetros de donde vivía. Fue en el año 2005, como era un viaje largo, les propuse a mi madre y padre irnos todos de vacaciones, ya que ellos nunca habían ido a un hotel. Yo trataba de llevarme bien, estaban mayores y enfermos; él, con alzhéimer; mi madre, diabética, con el nacimiento de mis hijos el pasado había quedado enterrado y los visitaba a menudo, mateaba con mi madre, nos hicimos compañeras, ya que no soy una persona rencorosa y no existe el odio en mi ser, tampoco soy muy consciente de que existan personas que deseen el mal en el otro. Así fue que emprendimos el viaje en familia, en la camioneta grande, con quince asientos, a la mitad se nos rompió un rodamiento, en un pueblo, la arreglamos, llegamos al hotel y cenamos. Ellos estaban desorientados, su primera vez durmiendo en un lugar que no fuera su casa, comer en un restaurante. Se preocupaban por los gastos, paseamos por la ciudad de Mar del Plata, estaban felices, se lo merecían. A la mañana, fuimos a la casa compraventa, un barrio pobre, digamos que una chatarra, yo, optimista, le pedí que me la mostrara, no tenía fe de encontrar lo que vi en internet, era barro por todos lados, un rancho de chapa precario, busca y busca, una bolsa de arpillera, con cacharros dentro todos embarrados. Jorge la revisó y se dio cuenta de que le faltaba una parte, la buscó y estaba enterrada en el patio. Vi que los caireles eran muchos, los aros tenían óxido de verdín, pero salía fácilmente, me parecieron que sí eran de oro. Me arriesgué, era cara y en dólares creo que eran unos quinientos, todos me decían: «Estás loca por gastar esa fortuna en una porquería y semejante viaje», pero mi padre, tranquilo, les dijo: «Déjenla, que ella la restaurará, ella sabe lo que hace».

Yo les dije que lo importante era el paseo, y nos fuimos a caminar a la playa, recorrimos la feria, la famosa rampla, mientras tanto, nos abordaron dos gitanas, insistían como siempre en leer las manos, pero a mí no me van esas cosas, aun así, nos seguían y me decían iba a hacer un negocio pronto, ja, ja, ja. No pensaba yo en ningún negocio. Casi un año tardé en restaurar la araña, colgada del *living*, sentada limpiaba cairel por cairel, los aros son de oro, por lo que fue fácil; los ganchitos de plata no se rompían, pudiendo darles la forma. Jorge restauró la parte eléctrica, la araña era con iluminación a velas, colocamos una rondana, una soga de más de veinte metros, para poder bajarla y limpiarla. En nuestro comedor hay un ventanal de ocho metros de altura con un medio sol, por donde que ingresa la luz del sol, atravesando los caireles de la araña, así produce un efecto de arcoíris y estrellitas doradas que se reflejan en la pared de la escalera, es un efecto hermoso.

Fran había tenido hacía unos años atrás un accidente, lo había atropellado un auto y le pagó el seguro, compramos un terreno en la zona de la costa a ocho cuadras del mar. Fue un gran negocio.

El negocio iba mal y cambiamos de rubro a una tienda de ropa que no funcionó, entonces cerramos definitivamente el negocio, y nos quedamos con la empresa de transporte. En la casa quinta, construimos un quincho con cocina, baños, parrillas, estacionamientos para veinte autos. Había una hermosa iluminación, así lo alquilamos para eventos familiares y nos va muy bien hasta hoy, que lo seguimos comercializando.

MARCELO, SECUESTRO 2007

Secuestro, 2007. Mi hijo de catorce años de edad fue secuestrado por una organización integrada por funcionarios judiciales. Fueron cuarenta y cinco días de negociaciones, debido a lo sensible y complejo del caso no me explayaré, actualmente se encuentra en la Corte Internacional OAR. Me arrancaron el corazón sin anestesia, eso es lo que sentí, quiero escribir sobre esto, pero no puedo. Denunciamos inmediatamente el secuestro, desde ahí comenzamos a tener amenazas e intentos de muerte, hasta el punto de que me fui a vivir a la casa de la costa. Era muy precario, tenía una casa rodante, compramos una casilla, la armamos con los amiguitos de Franco, Jorge se encargó del techo, la electricidad y parar los paneles, pero se regresó a la quinta. Tenía las manos ampolladas de atornillar, no tenía destornillador eléctrico, trabajaba de día y noche. Como vinieron mal los paneles los tuve que corregir, cortando con la máquina caladora me saltó una astilla en el ojo, que me dejó una linda cicatriz, no estaba usando antiparras porque se empañan y no me dejan molar bien. Tenía un dolor increíble, pero cuando terminé de armar, tipo dos de la mañana, con los sobrantes de maderas me hice una cama de dos plazas que usa actualmente mi hija, que vive allí con mi nieto.

Jorge se quedó en la mansión, trabajando en la empresa de trasporte y en la quinta. Al principio nos visitaba todos los fines de semana y nos traía dinero, pero se fue alejando. Fran comenzó a trabajar en la carga y descarga de pescado, en el puerto, a cuarenta kilómetros, salía de madrugada y regresaba de noche. Estaba muy feliz, traía pescado para nosotros y regalaba a los amigos, que no tenían trabajo. Yo tenía que limpiar los peces afuera en la madrugada, al frío o bajo la lluvia, pero dentro de todo, Fran estaba feliz, estudiaba el secundario.

Tuvimos una discusión con Jorge, siempre lo mismo que el dinero de las dos empresas no le alcanzaba, y me pidió que nos separáramos. Me sorprendí, y me dolió mucho, así que decidí viajar a la mañana, son casi quinientos kilómetros, en dolores, comenzó a incendiarse el auto, por la velocidad; no me di cuenta, fui advertida por otro auto, paré en una estación de servicio, un mecánico arregló el auto, que me pidió dar una vuelta. Faltaban unos trescientos kilómetros y quería asegurarse de que llegara a destino, en la carretera quiso desviarme del camino, me negué, porque tenía malas intenciones. Con mucha paciencia, hablé y hablé, me dejó ir. Llegué a mi casa, la puerta estaba trabada, toqué el timbre, pero Jorge no me abría. Enseguida, vi por la cerradura que escondía una mujer en la camioneta, se abrió el garaje automático y él se fue, ingresé en la cocina, estaba la mesa con dos platos de comida y dos copas de vino. En nuestra habitación, la cama estaba cubierta con pétalos rojos de flores. Me sentí destrozada, intenté hasta suicidarme. Tenían una relación de más de un año, todos lo sabían, pero mi familia no se animaba a contarme, fue en año 2008.

LOS CELOS

El hombre, en sus dos géneros y su instinto animal, goza de la infidelidad, no reniego de ella, sino de la conducta engañosa que rompe, las reglas que rigen la convivencia pactada rompiendo la confianza, la seguridad de un acompañamiento en este paso por la vida, con libertad de elección, del uno y del otro, que es lo que desea para su vida. Muchas veces seguimos en este estado de relación toxica por diferentes motivos, hemos construido un hogar con compromisos familiares difícil de romper de un día para el otro y soportamos estas conductas. No reniego, cuando nuestro animal se pone de manifiesto, no podemos controlar nuestros sentimientos, pero sí podemos respetar al otro al herido. Expresar nuestros sentimientos y aceptar su elección, pero a través del diálogo, que el otro sepa que nuestros sentimientos han cambiado, sin importar el motivo, que se dan por la misma naturaleza del hombre, pero sí tenemos el derecho de elegir, y ese derecho tiene que ser respetado, fundado con el conocimiento no con el silencio y el engaño.

Ninguna persona es dueña de nadie, nacemos libres. Igual que con nuestros hijos, solo guiamos su camino, como las tortugas, cuando alcanzan su madures y corren hacia el mar, para buscar su libertad y proveerse de alimentos. Ellos eligen su destino, los aconsejamos y nos desesperamos cuando toman un rumbo hacia los médanos, como las tortuguitas, sabemos que se van a cocinar con el sol; tratamos de encarrilarlos, pero son ellos quienes eligen su destino. Una madre, cuando tiene un hijo diferente, con alguna discapacidad, intuitivamente cuida más de ese hijo y los hermanos sanos lo celan. Hay un cuento popular que ilustra esta situación. «Todos los patitos se fueron a bañar, el más chiquitito se quiso quedar; la madre, enojada, le quiso pegar, el pobre patito se puso a llorar». ¿Qué pasa si cambiamos nuestra actitud y el fin del cuento? Le pregunto: «¿Por qué lloras, patito?». «Porque mis patitos hermanos no quieren jugar conmigo, porque soy feo». La madre lo llevó al patito a jugar con ella, al rato los hermanitos patitos se unieron y jugaron todos juntos.

Los celos obsesivos, así creo yo, no aman a la persona, solo quieren poseerla como un trofeo ganado, su yo aflora reflotando su egoísmo e inseguridad, su alma vacía busca la felicidad, que está opacada como una lámpara teñida por el hollín. Viven buscando la perfección, y en el amor no existe, es tan solo un sentimiento libre, solo se siente, como el dolor, como la risa. Aparece porque lo provoca un motivo, se expresa, tan solo eso. El obsesivo es controlador, y el control no da paso a los sentimientos naturales y libres del ser humano. El obsesivo vive dentro de su prisión, no reflexiona y no reconoce la libertad del alma. El obsesivo no sabe ni conoce el verdadero amor.

Regresamos a casa, Fran comenzó a trabajar en el puerto, como chófer, pero los acosos policiales no paraban. Desarrolló una enfermedad mental, fue internado en un centro psiquiátrico, de día estábamos internados con él, no podía dejarlo solo con lo que habíamos pasado, el padre se quedaba de noche y yo dormía en el auto. Estuvimos cuarenta y cinco días. Al cerrar los negocios, la empresa a la cual le hacíamos el transporte cerró, así que se le ocurrió a la hija de Jorge hacer fiestas para jóvenes, en el patio de las piscinas y de noche. Escuchaban música, bailaban y tomaban tragos los sábados por la noche. No tenía yo experiencia, no me gustan las fiestas, el alcohol; al principio iba bien, pero la hija estaba a cargo de cobrar las bebidas, y sus amigas y ellas se llevaban el dinero, así que adquirí una gran deuda de bebidas, que la pagué con el inmobiliario del negocio. Nunca le recriminé la actitud individualista, por no decir otro adjetivo. Mis hijos me lo decían, pero yo la quería mucho y discutía con ellos, no quería ver la realidad. Me decían: «¿Por qué no alquilas la quinta para eventos familiares?», pero decidí alquilar un local, abrir una tanguería, mi hijo sacó un crédito.

TANGUERÍA PATIO DE
LA MOROCHA, 2009-2010

Trabajamos duro, fue la primera tanguería de la ciudad, con un proyecto cultural, de interés cultural, declarada por la Cámara de Diputados. Comencé a cantar tango, con la orquesta de Amado, eran geniales y muy profesionales. Me gustaba mucho, la gente comenzó a hacer reservas para festejar cumpleaños, despedidas, y nos quedaba chico el lugar, teníamos capacidad para ochenta personas y un cantante estable. El patio interno lo techamos y lo revestimos, para que no se filtraran los ruidos, habilitamos dos baños, y se dictaban clases de canto y baile de tango, con un profesor de lujo, a su vez armaban coreografía con sus alumnos y actuaban en los *shows*. Venía gente de muchos lugares.

Había contratado a dos jóvenes que eran chefs, pero se llevaban la comida, hasta que me robaron un postre, tiramisú, y no tenía qué darles a los clientes. Discutimos, me amenazaron con renunciar, pero mi genio no pudo conmigo y los despedí. Cociné sola para ochenta comensales, los clientes se acostumbraron a que les cocinara, cuando era cocinera, me reclamaban y yo regresaba a la cocina, a la hora de cantar me sacaba el delantal, y después ya no me lo sacaba y comenzaba con unos monólogos. Gracias a Yuseppe, que me llamaba por teléfono en plena función, así comenzamos los monólogos, «Conversación telefonía con el vecino». La gente se reía, y los que no tenían mesa, miraban a través de las dos ventanas. Tenía unos vecinos linderos con el patio, de descendencia italiana, una parejita de jubilados, la señora era preciosa, una divina, pero su esposo era muy cascarrabias, en plena actuación nos llamaba por teléfono para quejarse por el ruido de la música. Ella me contaba que colocaba un vaso a la pared para escuchar. Ja, ja, ja. Cuando él se dormía, su señora, con sus amigas, se escapaba y venía a cenar y presenciaba el *show*. Una noche don Yuseppe, en calzoncillos de tela color celeste, se apareció en la tanguería en plena función, estaba yo cantando un tanguito. Él estaba muy enojado, quejándose de la música, pero qué gran sorpresa cuando encuentra a su señora. Él se quedó, pero poco a poco su cara dibujó una sonrisa, comenzó a presenciar los ensayos, nos hicimos muy compañeros. A falta de esas llamadas, expuse un monólogo representado a Nini. Les dábamos la oportunidad de cantar a los tangueros de la zona, se fueron incorporando otros de zonas lejanas o del Buenos Aires, había un tanguero zarateño que se hacía llamar Gardelito, se vestía como él, con su sombrerito. Era muy feliz cantado, lo recuerdo con mucho afecto.

Mis padres eran infaltables a cada cena, en primera línea, junto con mis hermanas y sobrinos. Estaban bien, eso era lo importante, disfrutar en familia, enterrando el pasado.

Jorge estaba arreglando la iluminación subida a una escalera, cuando tuvo un accidente cerebrovascular, una arteria se rompió en el cerebro, también conocido como ictus. Lo llevé en el auto al hospital, pero no había médico en esa especialidad, comencé a viajar, buscando otro hospital cerca, pero tampoco lo asistieron, me fui a la Capital Federal, al hospital Favaloro, que le cubría el seguro social; yo estaba muy nerviosa, lo atendieron, pero me dijo el recepcionista que no le cubría la atención, que les tenía que pagar por hora, un dineral. Fui corriendo, comencé a sacarle los cables, el médico me calmó, le expliqué el comentario del recepcionista y me dijo que no me preocupara, que no me iban a cobrar nada, dijo que tenían que derivarlo a una clínica especialista, entonces llegó la ambulancia y quedamos en que me seguirían, ya que la capital es complicada para llegar. Ellos se estacionaron detrás de mi auto, no me arrancó, de la desesperación lo había dejado en contacto y las luces prendidas, se gastó la batería. Yo estaba hablando mal, con disartria, me preguntaron si me encontraba bien, les dije que tenía un fuerte dolor de cabeza, ellos empujaron el auto, y los seguí, iban despacito, llegamos y me recomendaron que me revisara un doctor, me sentía mal; entonces fui a la guardia y me pidieron un papel y me dijeron que tenía que ir al centro de la capital en subte. Era de noche, por lo que me fui a dormir al auto, a las cinco de la mañana me fui, llegué temprano, estaba cerrado, esperé, media muerta, sentada en una escalera, hice el trámite, regresé a la clínica Sagrada Familia, fui a la habitación de Jorge, estaba estable. La médica me hablaba, pero le contestaba con mucha dificultad, y terminé en terapia intensiva, me hicieron una angeoplastia por la ingle y retiraron un coágulo de sangre en el cerebro. Jorge se tuvo que dar de alta, para firmar, la lesión fue importante, pero me zafé otra vez, y no me fui a pasear al cielo, ja, ja, ja. Tuve una parálisis, en todo lado derecho, cerré la tanguería, me afectó mucho al habla y la movilidad izquierda. Jorge quedó afectado del lado izquierdo, estuvo tres años en rehabilitación y se recuperó un poco, todavía tiene secuelas importantes.

Otra vez sin trabajo y sin dinero, ya que su jubilación la cobraba un setenta por ciento su exmujer, seguíamos con el trámite de divorcio, a pesar de que sus hijos eran todos mayores de edad. Comencé haciendo un piso para armar un quincho de cien metros cuadrado con mi hijo, levantamos el suelo cuarenta centímetros, varios camiones de tierra tosca, la mezclábamos a pala con cal y la apisonábamos, arrastrando mi pierna derecha y mi brazo sin fuerza. No podía ni sostener la pala, pero más bronca me daba, los amigos de Fran me ayudaban y no querían que me esforzara, pero, yo terca, le daba a la pala, sin importarme la hora. Fui tomando fuerza, también hacía ejercicios vocales, hablaba muy mal, pero seguí y seguí. El piso del suelo quedó firme, bien apisonado, vinieron los constructores del quincho, plantaron los palos y el techo, entonces comencé a alquilar la quinta para los vecinos, con ese dinero cerré con madera el quincho, hice el piso con cerámicas, la cocina, los baños, la gran parrilla, cada centavo lo invertía, era muy querida por el barrio y a ellos no les importaba lo precario, Jorge instaló una iluminación preciosa, creé dos Facebook, se hizo famosa, tengo quince mil clientes, y tienen que reservar con mucho tiempo. La atendíamos los dos, se llama Quinta la Antorcha Zárate.

MUERTE DE MI MADRE, 2019

Tomaba mate con ella, por la mañana, o cuando tenía tiempito, sus piernas estaban muy dañadas, caminaba muy poquito, nos sentábamos en el patio, amaba sus plantitas, hasta que llegó mi hermana de España con su marido español. Mi padre dividió la casa, incluyó el patio, así que mi madre quedó sin su distracción, comenzaron a tener muchas discusiones, mi hermana muy era conflictiva. Al tiempo quedó postrada en la cama, mi madre me dijo que no quería vivir más y yo no fui en tres días, nadie me avisó de que estaba internada. Estaba en coma, tuvo un accidente vascular cerebral masivo, fuimos a verla, según los médicos, no tenía conciencia, pero alcanzó a decirles a Jorge y a Fran sus nombres. Hubo conflictos familiares por la casa, mis hermanas no dejaban ingresar a mi padre en su casa, él había trabajado mucho y no era justo. Violentamente, con mi hermano, rompiendo la puerta, ingresamos. Mi mamá se destapaba y vimos que tenía moretones raros, pedí una autopsia, la cual me negó el médico, y se opusieron mis hermanas, incluso discutí con mi sobrino en la clínica, porque estaba pidiendo un certificado de supervivencia. Él cobraba su jubilación, me dijo que la casa era de él, que no iba a dejar entrar a mi padre. Falleció mi madre al cuidado de su hijo menor, de noche, decidí no hacer funeral, solo la presencia de la hermana que la cuidaba. Mi padre comenzó con una fuerte depresión, la extrañaba demasiado, vivió con nosotros unos meses, tuvimos largas charlas, me dijo que no era su hija, que tampoco sabía por qué no me dejaba ver a mi padre. Y del pasado no recordaba nada, me pidió perdón, sé que se arrepintió de corazón y que recordaba todo, se fue a vivir con su hermana a la Capital Federal, y no lo vi más, pero mis hermanos me hablan de él y dicen que está bien. Me causa mucho dolor entablar una conversación telefónica, me apena mucho, tiene problemas del corazón, ya me superaré y hablaré con él.

Carta para mi madre

Por eso, mamá, quiero despedirme de vos con esta foto, con tu humor, tu gracia y alegría, con esa sonrisa que perdiste cuando te enamoraste, al límite de todo, siempre; me despido de vos festejando un cumple con tus nietos, con gran dolor, porque no tuve la oportunidad para comprenderte; no tuve el valor para enfrentarte, no quería hacerte sufrir con cosas viejas del pasado. Extraño las últimas mateadas, cantar un tanguito juntas; por eso, mamá, te quiero. Adiós, un adiós corto, un hasta pronto. Mamá, te amo mucho.

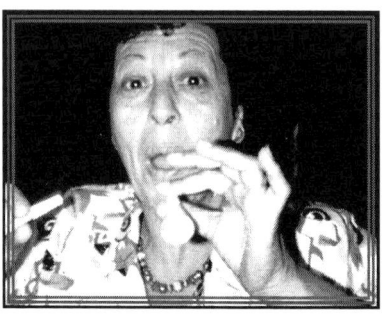

El gran problema de mi país es la corrupción, la delincuencia común, la inestabilidad económica por la inflación, seguíamos siendo acosados por la policía, y comenzamos a pensar en irnos del país. Hacer denuncias trae consecuencias muy graves, así que decidimos comprar un piso en España, viajamos en el año 2017 por tres meses, dejamos todo ordenado, regresamos a Argentina, pero yo no quería dejar mi casa y mi negocio, tenía miedo al futuro, pero vivir esquivando balazos era imposible, así que en el año 2019 nos asilamos en España.

SECUESTRO DE JORGE, 2020

Estando solo Jorge en el año 2020 fue secuestrado, golpeado, torturado, robado en la quinta. Unos policías se hicieron pasar por clientes, como fueron varias veces a preguntar y para que les mostrara el quincho, a la segunda visita, los hizo pasar. Sacaron las armas, lo tiraron al piso, lo golpearon, ataron sus manos con alambre. Estos funcionarios corruptos se prepararon comida, se sentaron a la mesa, como si fuera su casa, se tomaron todo el tiempo del mundo, sabían que vivía solo, se llevaron las cámaras de seguridad, herramientas, ropa y baratijas. Entraron en total cuatro, solo uno encapuchado, los otros a cara descubierta, reconoció a dos que eran policías, hizo la denuncia, pero ninguno fue procesado. Se aportó material fotográfico, se les identificó, se les proporcionó la dirección de los malhechores. Estos fiscales que atendieron el caso lo llamaron para realizar un reconocimiento fotográfico, se aprovecharon de su discapacidad visual, que perdió después del hecho, le leyeron un acta que decía que le lo iban a llamar para una rueda de reconocimiento, y lo que verdaderamente decía era que le habían hecho la rueda, que no reconoció a los malhechores y lo archivaron. Dijeron que el haberlos conocido no era suficiente, como estaba solo, no había testigos. A raíz de estos culatazos en la cabeza quedó casi ciego, solo ve el uno por ciento de un ojo. Estamos seguros de que fueron enviados por sus jefes; aunque el robo fue mínimo, lo amenazaron con que, si regresábamos tanto la señora como el hijo, iban a poner una bala en la cabeza, y a mi hijito también. Se llevaron las llaves de la casa, dijeron que regresarían y que tuviera preparado un toco de plata viejo.

Jorge comenzó a sentirse descompuesto, alcanzó a llamar a su hija, llamó a la ambulancia, estaba inconsciente, le había bajado la presión arterial, se recuperó, trajeron a vivir a un amigo que es un vivo bárbaro. Su hijo, todos los días a la mañana, desayunaba con él, yo me sentía contenta porque lo cuidaban, comenzaron a hacer reuniones con los amigos, cosa que me parecía bien. Le hacían los mandados, él siempre me enviada algún dinero, yo no tenía recursos, verdaderamente la estaba pasando mal, los gastos de los servicios del piso, la insulina, los trámites para el asilo implicaban viajes. La quinta funcionaba muy bien, conocía los ingresos, siempre lo mismo, pero en el año 2020 no recibía dinero, yo no le exigía porque sabía que él tenía dos empleados que me reemplazaban, y también estaban los gastos de mantenimiento. Aunque la ganancia era buena, no sé por qué los extractos bancarios no los recibía en mi *mail, y estaba bloqueado el home banking*. Insistía en que lo corrigiera, entonces él iba al banco, pero se volvía a bloquear, y tampoco lograba los extractos de la tarjeta de crédito ni la de débito. Me imaginé que algo sucedía, y no estaba equivocada. Acudí a las asistentes sociales me ayudaron, para los gastos de luz, agua, la insulina, comencé a pedir comida en una plaza. Teníamos buena comunicación con Jorge, me llamaba por WhatsApp todos los días, me enviaba los *gifs* con corazones, me decía te amo, te extraño, y tantas más pelotudeces eran siempre protagonistas en nuestras largas charlas.

EL CÍRCULO DE LA VIDA

Separados a doce mil kilómetros de distancia, hablamos por WhatsApp, igual que cuando nos conocimos; largas conversaciones, con palabras dulces llenas de amor y esperanzas, esperando reencontrarnos nuevamente para terminar con nuestro destino, encontrar nuestro último muro. A pesar de toda mi experiencia vivida, sigo ingenua. 5 de enero de 2021, seguimos postergando el vuelo por el COVID, muchas cosas pasaron. Unos días antes del primer viaje tan ansiado, mientras hablábamos por WhatsApp, se escuchó la voz de una mujer que tosía, estaba atragantándose por algo, ja, ja, ja. Creo que el lector se imaginará la escena: él muy sentadito, gozando mientras ella le succiona el pene, mientras ella le dice «¿Es tu mujer, Jorge?». Yo contándole sobre la enfermedad de su hijo y de trasfondo el sonido de los ecos de los vómitos, echando el hígado por el inodoro, ¡sofocándose con los líquidos que salían de su boca!; dijo: «¡Papá esta con una mina!». No encuentro palabras para tanto cinismo a tanta crueldad, seguida de la negación innegable, y la inexistencia de la piedad. He escrito estas letras en la desesperación y el dolor de ver tan enfermo a mi hijo. En fin, hasta que su hijo mayor lo visitaba asiduamente lo delató en una llamada de WhatsApp, llevaba diez meses engañándome. Estaba Jorge practicando las enseñanzas de dar amor, pero era al prójimo, no a una amante, se llevó la materia a diciembre, ja, ja, ja. Si sigue así, va a perder el bachillerato.

Tenía muchas deudas, así que vendí la camioneta, pero me envió menos de la mitad, ya que con el resto pagué el crédito de un pasaje, y una deuda enorme de las tarjetas. Vino pesando setenta y ocho kilos, no lo reconocía, se quedó tres meses, regresó, arregló el problema del banco y pude entrar en la cuenta. Gran sorpresa al facilitar la tarjeta para sus compras, usaron a discreción, pagando hoteles, artículos en mercado pago, mercadería al por mayor para el negocio de su hija, dos años usando la tarjeta de su padre. La deuda era grande, a Jorge le apenó mucho esta situación. No se les dijo nada.

HIJO MÍO

Has dejado de llorar, hijo mío.
Ahora el cielo llora por ti, es una señal, hijo mío,
¿Recuerdas cuando jugabas con tu angelito Gabriel, ángel mío?,
él espera por ti.
No tengas miedo, hijo mío, dejarás de sufrir,
No estarás solo y perdido, tu madre va por ti, hijo mío,
Jugaremos por siempre, el dolor que tanto tienes dejará de existir.
Continuarás tu juventud en el cielo, hijo mío.
Llueve, llueve más fuerte, porque el cielo contesta mis plegarias.
Siempre, siempre estaré a tu lado, hijo mío.
Dios perdonará todos mis pecados, no debo pedir perdón,
porque no hay motivos,
Porque Dios sabe mi dolor de esta partida.
No hay razón para una despedida,
Será breve, solo un momento, hijo mío.
Madre, madre soy y no tendré esperanzas de quedarme sin ti, hijo
mío,
¡Espérame! ¡No te vayas sin tomar mi mano! Hijo mío, mi gordo,
mi chiquito, es todo lo que tengo.
Para mis seres queridos, de su loquita querida, les digo que los quiero,
Por un hijo enfermo esta madre necesita de esta partida.
Dejadme, déjenme sin reproches ni preguntas, porque he cumplido.
Ahora déjenme volar, tan alto como pueda.
No nos perderemos en el camino porque Dios, Jesús y nuestros
ángeles serán los escoltas de nuestro destino.

Vino por segunda vez, se fue, el 8 de agosto de 2022. Lo fuimos a buscar al aeropuerto, muy contentos ambos, con ilusión y esperanza de sus promesas vanas, llegamos al piso y comenzaron las llamadas de su amante. Se quedó seis meses, por las consultas médicas, con la esperanza de recuperar su vista. Le di la oportunidad de que fuera sincero conmigo para terminar con el teatro y las mentiras, pero no quiso, estaba dispuesta a perdonarlo, pero él eligió y yo también, *separándonos definitivamente, después de una convivencia de treinta y cinco años.* Había quedado su hijo al cuidado de la casa, me enteré por el empleado, que llegó y le vaciaron la casa. A mí Jorge no me contó nada, para no preocuparme. Jorge tuvo que vender mi otra camioneta, para reemplazar lo robado, reparar y poner en marcha la quinta. Él sigue administrando la quinta de mi propiedad y con sus mujeres jóvenes y paga con mi dinero, yo sigo pidiendo alimentos en la plaza de los Enamorados; mi hijo recibió el milagro de Jesús y mejoró un poquito su hígado, aunque aún sigue vomitando, perdió más de cuarenta kilos. Yo llevo unos veinticinco kilos, pero aún puedo bajar cinco más, ja, ja, ja, ja. En junio de 2023 tuve un infarto del miocárdico agudo, falta de oxígeno al cerebro y le agradezco a mi médico de cabecera Dr. José, quien me salvó la vida.

Si creen que mi vida fue complicada, les puedo asegurar que, en esta etapa de asilados, se multiplicó por tres, esa es otra historia. Nos encontraremos en el próximo libro Una vieja loca de mundo.

VENCIDA

Mi voz apagada, apretada por un nudo en la garganta, por un dolor profundo por la derrota, de una guerra ganada por los enemigos de su pueblo, que se esconden, detrás de su poder, ambición y malicia de guantes blancos. ¿Cómo ganar una guerra?, cuando tus enemigos utilizan el fondo económico, social, judicial y político del Estado nacional, para robarles más a los pobres, imponiendo su propia justicia, donde no hay lugar para el reclamo. ¿Cómo combatir la ambición, la injusticia de quien la imparte?, ¿cómo puedes luchar cuando estás vencida?, cuando los hijos de tu patria están sometidos a las drogas, su futuro se agota: que los que están para proteger, los tienen como clientes o camellos, un Estado que utiliza el dinero mal habido para sus campañas políticas; cuando ganan una presidencia, bailan, cantan o tiran papelitos, como un circo romano, cuando tendrían que estar preocupados, afligidos por cómo resolver los problemas de la gente. Ya estoy vencida, vencida por la impotencia. Esta no es solo una guerra contra los oligarcas, es una guerra contra la corrupción, el narcotráfico, es contra un Estado que mira para otro lado. Los niños, descalzos con sus pancitas hinchadas y vacías; contra los abuelos, que llevan su cuerpo pesado, cansados de tantas promesas incumplida; contra los trabajadores, que luchan por un plato de comida para sus familias, que son saqueados por este Estado corrupto, que los engañan cuando quieren sus votos; contra los jóvenes, que abandonan sus estudios para trabajar y ayudar en su familia. ¿Cómo luchar por una sociedad más justa?, en un país que lo tiene todo, donde la comida se tira antes de repartirla a los pobres, donde se construyen monumentos fríos e inservibles, el dinero se desperdicia y no llega a la gente. ¿Cómo luchar, ante las enfermedades? De salvar vidas los médicos con las manos atadas, hospitales vacíos y llenos de enfermos. ¿Cómo luchar con un Estado soberbio que atiende sus propios intereses? ¿Cómo luchar conmigo misma?, para que no me cause tanto dolor, al ver a un pueblo abandonado, en manos solo de Dios. Agotada estoy de golpear a tantas puertas, y todas se cierran, encomiendo a Dios que proteja a todos los piecitos descalzos, las pancitas vacías, por toda la gente, víctimas del poder.

Me duele mucho la situación de mi país, tierra rica, gente gaucha, pero políticos mal arriados, perdidos en la ambición y el poder, Dios los guarde.

FIN.

Autora: Marcela Adriana Melgarejo

Valora la vida, respeta a tu cuerpo,
respeta a tu prójimo.
Construye tu persona
alimentando tu humanidad,
reconociendo tus errores,
no buscando culpables,
reduciendo tu ego.
Lucha por ser feliz, cada día.
Y será hermoso.

Marcielo

ÍNDICE

PRÓLOGO...5

APARTAD TODAS LAS PIEDRAS,
ASÍ PODRÁS VER EL CIELO 7

MI ADOLESCENCIA..28

AÑOS DE AVENTURAS MOCHILEROS (PRIMEROS
DÍAS DE JULIO, 1984) 35

LA PARTIDA DE ITATÍ 37

BOLIVIA POCITOS (30 DE AGOSTO DE 1984) 40

PERÚ, SEPTIEMBRE, 1984. DESAGUADERO - POMATA..........43

LIMA, PERÚ 47

ESCLAVIZADA POR EL TRABAJO TEXTIL................53

VIVIR EN EL BARRIO SAN BORJA (1985)................54

IQUITOS..57

PELÍCULA *MISIÓN EN LOS ANDES* (1986) COOPRO-
DUCCIÓN PERUANA Y ESTADOS UNIDOS CON ERIK
STRADA..63

EL SECUESTRO DE PABLO ESCOBAR GAVIRIA 65

CHIQUITICOSAS, PROGRAMA EN TELEVISIÓN IN-
FANTIL CON LA CONDUCTORA MIRTHA 68

MARCAHUASI (HUAROCHIRÍ) 71

CONTACTO CON LOS EXTRATERRESTRES,
MAL DICHO PORQUE SON TERRESTRES
DE OTRA GALAXIA...75

FILMAMOS EL DOCUMENTAL *EL CANDELABRO
PARACAS Y LAS LÍNEAS DE NAZCA* EN PERÚ 80

TRUJILLO, PERÚ...82

AREQUIPA, 1988...84

CHILE CONTROL FRONTERIZO PERÚ -
CHILE - TACNA EN TREN HASTA ARICA................86

ARGENTINA 88
EL NACIMIENTO DE LU, 12 DE MARZO 1988 -
CHARLA CON JESÚS 90
JORGE, MI PAREJA DE TREINTA Y CINCO AÑOS,
MI UNIVERSO, Y MIS DOS GALAXIAS, LU Y FRAN 94
JESÚS TOCÓ A MI PUERTA, 1990 102
NACIMIENTO DE MI SEGUNDO HIJO,
7 DE MARZO DE 1992 107
JESÚS EN EL RÍO URUGUAY 114
NUESTRO PRIMER NEGOCIO, 1994 116
APARICIÓN DE LA VIRGEN DE LOURDES 118
EL MUNDO DEL ESTAMPADO EN ITUZAINGÓ 121
¡INFIDELIDAD OTRA VEZ! 129
LOS FANTASMAS EN CASA QUINTA 131
MI TEORÍA DE LO SENSORIAL FUNDADA
EN MI EXPERIENCIA 134
COMIENZO DE LA GUERRA DE LA CORRUPCIÓN
HACIA NUESTRA FAMILIA Y FUTURO ASILO 137
NEGOCIO EN LA BROWN 142
MIS AMADAS MASCOTAS, MATUTE CAYCUL
DEL AYNABAL, EL GRAN PERRO, LA YEGUA
PETISA VALLI, PERRA DOGA LA GUAYNA
DE LA BAYANCA Y SU CACHORRO AUCA 147
MARCELO, SECUESTRO 2007 155
LOS CELOS 157
TANGUERÍA PATIO DE LA MOROCHA, 2009-2010 159
MUERTE DE MI MADRE, 2019 163
SECUESTRO DE JORGE, 2020 165
EL CÍRCULO DE LA VIDA 167
HIJO MÍO 169
VENCIDA 171